LOIN DE CHEZ MOI

Maryse Burgot est grande reporter pour France Télévisions depuis plus de trente-cinq ans et a couvert les plus grands conflits de notre époque. Lauréate du prix Bayeux des correspondants de guerre en 1999, elle a également été correspondante permanente de France Télévisions à Londres et à Washington.

MARYSE BURGOT

Loin de chez moi

FAYARD

ISBN : 978-2-253-25403-4 – 1re publication LGF

À mes enfants, Angelo et Noé,
À mes chers parents,
À mes sœurs,
À toi,
Aux amies et amis qui doutent.

Prologue

Je suis grand reporter, souvent envoyée sur les zones de guerre, affublée d'un gilet pare-balles et d'un casque, un accoutrement parfois ridicule étant donné mon mètre soixante. Je suis aussi mère de deux enfants et fille d'agriculteurs bretons. Voici, en partie, et en quelques mots, ce qui me définit. Un métier addictif, que j'exerce depuis plus de trente-cinq ans sans discontinuer, deux garçons désormais adultes, aimants, plutôt solides, et ma naissance dans un monde paysan.

Je suis une évadée de mon milieu d'origine.

C'est un parcours qui n'était pas écrit, loin de là. Dans mon village natal, on ne grandit pas en s'imaginant journaliste grand reporter dans une rédaction parisienne. Bazouges-la-Pérouse : c'est le nom de cette petite contrée bretonne de moins de mille neuf cents âmes, située en Ille-et-Vilaine. Mais s'il est un endroit dans le monde où je suis une sorte de « star », c'est Bazouges-la-Pérouse. La commune regardait peut-être un peu plus le journal de TF1 avant mon « ascension », elle incline désormais vers France Télévisions. Il est donc possible de bousculer un certain déterminisme social et de mener de front deux vies que tout semble opposer : une existence professionnelle sur les zones de conflit et une vie familiale avec des enfants, petits, puis grands. Ce n'est pas simple, je le concède. Mais c'est réalisable.

J'ai depuis longtemps le projet d'écrire ce parcours qui fait la fierté de mes chers parents et la mienne. Même si j'ai régulièrement l'impression de n'être rien. Tout juste une reporter capable de dire les faits.

Ce récit témoigne aussi du poisseux sentiment d'imposture lié à mon lieu de naissance, de l'intranquilité permanente, du manque de nonchalance et d'insouciance caractéristique de celles et ceux qui n'ont pas grandi dans un milieu privilégié. Ils se reconnaîtront. Mais je raconte surtout mon désir profond d'aller parcourir le monde et mon besoin viscéral de regarder grandir mes enfants. Deux réalités incompatibles, diront certains. Je crois qu'ils se trompent, même si les difficultés sont nombreuses.

Ces lignes égrènent donc les reportages, mais surtout les joies, les émotions inouïes, les peurs paniques, les victoires, ainsi que les doutes et les quelques renoncements d'une femme reporter et mère de famille. Je ne prétends pas être un exemple à suivre. Mais le parcours d'une provinciale née dans un milieu modeste peut être une inspiration pour notre jeunesse victime, parfois, de l'ascenseur social en panne. Non pas, bien sûr, que je sois montée bien haut ! Mais à mes yeux, être reporter est un accomplissement, on ne peut pas, pour moi, exercer plus beau métier.

C'est souvent la première question que l'on nous pose en tant que grand reporter : comment faites-vous quand vous rentrez d'un tournage difficile ? Comment gérez-vous l'après ? La réponse tient, en ce qui me concerne, en quelques mots : je reprends les choses exactement là où je les avais laissées. Je retrouve mes enfants, ma famille. Je prépare un rôti accompagné de pommes de terre. Je sens l'odeur familière et rassurante de ce plat qui monte dans les étages et je sais que je suis dans le monde protégé de ma vie. J'ouvre ma valise, je jette dans le lave-linge mes vêtements sales, je fais le ménage dans ma maison et je jardine, été comme hiver.

Ces gestes sont la thérapie que je me suis inventée pour vraiment « atterrir » et me réapproprier une forme de quotidien. Je fais tout cela avec méthode et détermination. J'applique cette formule systématiquement, quelle que soit ma fatigue. Et dans l'accomplissement de ce rituel domestique, je sais que je suis vivante. Je parle ici bien sûr plus particulièrement des retours de zones de guerre, même si je ne vais pas uniquement sur ces terrains.

La mort guette les reporters en zone de conflit. C'est un fait. Rentrer d'une mission de guerre avec toute son équipe saine et sauve est, chaque fois, un immense soulagement. Il me faut deux jours de balayage, de lessivage, de rangement, de ramassage de feuilles mortes et d'arrachage de mauvaises herbes dans le jardin pour que mes pensées s'éloignent peu à peu du danger affronté. Ce sont les jours de domptage de l'après. Tenir à distance les risques pris, les tensions extrêmes, les peurs rentrées est tout un art après avoir débarqué de l'avion qui nous ramène à Paris. Je maîtrise désormais assez bien ce processus qui tient en respect le fameux trouble de stress post-traumatique qui nous guette. Jusqu'à présent, le ménage m'a toujours sauvée. Je crois aussi que le fait d'avoir des enfants crée cette obligation de retour à une vie normale.

Certes, je ne parle que pour moi, et cela ne vaut que pour moi. Je ne m'imagine pas un seul instant expliquer à mes fils que je suis traumatisée ou choquée par ce que j'ai vécu en mission. Ils ont déjà dû accepter mes absences fréquentes, je ne peux pas en plus leur imposer un début de soupçon de déprime. Je suis là, bel et bien de retour, parfaitement ancrée dans leurs vies quotidiennes qui n'a rien à voir avec la guerre. Je m'interdis la morosité, et jusqu'à présent ma méthode fonctionne. Quel que soit le désespoir dont j'ai été témoin. Il faut aussi accepter d'oublier un peu les pays et les gens qui nous ont bouleversés. Parce que, dans mon cas, cet éloignement, pour quelques jours ou quelques semaines, est ma seule chance de pouvoir repartir. Et je repars toujours.

Depuis mes premiers sujets, j'ai le sentiment d'aller en reportage avec la même énergie, le même enthousiasme, la même ténacité. Je ne suis jamais lassée. Je peux même dire que j'aime autant les départs que les retours. J'aime ce métier démesurément. Je me sens privilégiée de pouvoir continuer à l'exercer tout en ayant des enfants.

Voici donc le récit de plus de trente-cinq ans de reportages, petits et grands, sans forfanterie, mais avec le désir de brosser le portrait d'un métier de passion qui n'existe qu'en équipe. Car cette profession est très largement une affaire d'équipe.

Être grand reporter est la chance de ma vie, après celle, plus extraordinaire encore, d'avoir pu fonder une famille et avoir des enfants. Mais avant leur naissance, il y eut ce coup dur dont je préfère parler tout de suite. Ce sera alors une affaire réglée.

Chapitre 1

De l'autre côté de l'écran
Jolo, juillet-août 2000

Soudain, je me réveille de l'autre côté de l'écran. L'arroseur arrosé. Je ne raconte plus la vie des autres, c'est de moi, ou plutôt de nous, que l'on parle. Nos photos sont publiées dans les journaux. Nos parents, nos proches sont interviewés. Nous sommes trois. Avec moi, un JRI expérimenté, c'est-à-dire un caméraman « journaliste reporter d'images », lauréat du prestigieux prix Albert-Londres, et un preneur de son tout aussi formidable. Nous sommes otages sur l'île de Jolo aux Philippines. Détenus par le groupe séparatiste musulman Abu Sayyaf. À l'époque, l'un des mouvements terroristes et mafieux les plus violents au monde. Nous sommes dans une prison à ciel ouvert, en pleine jungle. Autour de nous et de notre campement sommaire, des dizaines de combattants en armes. Nous sommes surveillés, épiés en permanence. J'ai trente-six ans et je suis en train de vivre l'expérience la plus humiliante de ma vie de reporter. J'ai, pour aller vite, un peu honte de tout cela, de cette exposition subie, même si le mot est fort. Pour être tout à fait sincère, j'avais d'abord imaginé ne pas parler, dans ce livre, de ce fameux été. Mais ce serait tricher, passer sous silence ce qui me dérange. Occulter ces longues journées pendant lesquelles nous n'étions plus maîtres de nous-mêmes ne serait pas honnête. C'est aussi cela le reportage : les coups durs qui ne font pas de nous des braves mais, parfois, des êtres qui subissent. Je me lance donc, toute honte bue.

Pour écrire ces lignes je me suis replongée dans les archives de cet été 2000. Tout me gêne quand je visionne ces images répertoriées, entre autres, à l'INA, l'Institut national de l'audiovisuel. Tout me heurte, sans exception. Les photos de nos trois silhouettes dans la jungle. Les images de nous faisant les cent pas autour des cocotiers et des bambous. Des preuves de vie que faisaient circuler nos ravisseurs. Je voudrais tout faire effacer. Employer l'un de ces spécialistes du nettoyage des données sur internet. Lui demander de supprimer de la Toile cet épisode qui, pour moi, dura sept semaines. Un comble, me direz-vous, alors que mon métier consiste à exposer la vie des autres. Mais, justement, puisque j'ai vécu cela moi-même, je comprends parfaitement les gens qui refusent d'être filmés, quelles que soient les circonstances. Avant de me replonger dans cette histoire, je dois dire que je me suis sentie soutenue par ma rédaction lors de cette captivité. France 2 déploie, cet été 2000, un dispositif de veille exceptionnel pour aider nos familles et les informer. Des chefs de service restent mobilisés vingt-quatre heures sur vingt-quatre : ils ont toute ma reconnaissance. Nos amis et amies tissent autour de nous un filet de soutien bien ferme. Ils font tout ce qui est humainement possible pour nous épauler, de loin, et nous sortir de ce bourbier. Des confrères, journalistes de la rédaction, sont dépêchés sur l'île de Zamboanga pour être au plus près possible de nous. Cette île voisine est sûre, ils ne risquent pas d'être enlevés à leur tour. Ils se relaient tous les quinze jours. France 2 ne nous lâche pas.

Pourquoi s'interdire de narrer un événement qui, finalement, se termine bien ? Je suis libérée après *seulement* sept semaines de détention, et mes deux compagnons d'infortune s'évadent quinze jours plus tard. J'ai refusé pendant de longues années de parler de cette « expérience » traumatisante car je pensais avoir commis une faute professionnelle. Je me pose encore aujourd'hui cette question sans pouvoir y répondre : avons-nous fait une erreur ? Sommes-nous devenus otages parce que nous nous sommes jetés dans la gueule du loup ? Quelques âmes charitables se sont empressées de l'affirmer. C'est toujours plus facile de parler a posteriori. Mais essayons de comprendre.

Quand nous arrivons aux Philippines, ce 8 juillet 2000, nous avons pour mission de réaliser un reportage sur ceux que l'on appelle alors « les otages de

Jolo » : vingt et une personnes capturées le 23 avril de cette même année sur une autre île, l'île malaisienne de Sipadan. Parmi ces malchanceux, des Malaisiens et des Philippins, mais aussi dix touristes occidentaux venus pratiquer la plongée sous-marine dans ces eaux turquoise. Parmi eux figuraient deux Français, trois Allemands, une Franco-Libanaise, deux Finlandais, deux Sud-Africains. Au premier jour de leurs vacances, ils voient débarquer sur la plage, devant leur hôtel, six hommes en armes, avec des lance-roquettes, des fusils d'assaut américains M16, des cagoules ne laissant visibles que les yeux et la bouche. Le commando rafle les montres, les bijoux, et oblige hommes et femmes à monter dans deux barques. Ils vont naviguer pendant de longues heures, stupéfaits et terrorisés, avant d'atteindre l'île de Jolo dont ils n'ont jamais entendu parler. Deux jours plus tard, le 25 avril, le groupe Abu Sayyaf revendique l'opération.

Le monde entier, et la France en particulier, découvre alors ces islamistes de façade qui se sont transformés, au fil des années, en bandits de grand chemin. Les Philippins, eux, les connaissent très bien. Le groupe est né au début des années 1990. Son objectif, au départ, vise l'instauration d'un État islamiste dans le sud des Philippines, où vit la population moro, de religion musulmane. Le sud du pays est donc en guerre contre l'armée régulière philippine. Mais la mort d'un des chefs islamistes en 1998 divise le mouvement. C'est le commencement de la dérive mafieuse, des actes de piraterie, des enlèvements, des décapitations de prêtres. Avec la spectaculaire prise d'otages d'avril 2000, Abu Sayyaf accède à la notoriété internationale. Les commandants du groupe rebelle habillent leur revendication d'un obscur discours politique et pseudo-islamiste. Mais ils exigent surtout une rançon pour chaque libération d'otages.

C'est dans cette configuration que nous débarquons à Jolo le 8 juillet 2000 pour réaliser notre reportage sur ce commerce du kidnapping. En ce début de vacances estivales, notre rédaction, nos chefs de service, nos rédacteurs en chef souhaitent que les otages ne soient pas oubliés. D'où cette deuxième mission qui prend la suite de celle d'une autre équipe venue sur place un mois auparavant. Nous désirons rappeler à nos téléspectateurs qu'un jeune couple français et une Franco-Libanaise vivent un cauchemar dans une jungle lointaine et hostile, aux côtés d'autres otages de plusieurs nationalités.

Nous disposons d'un contact sur place, un chef d'entreprise philippin, que nous rencontrons le lendemain de notre arrivée. Il connaît le fameux commandant Robot, le chef rebelle au nom improbable, qui détient les otages. Pourquoi décidons-nous de faire confiance à cet intermédiaire ? Parce que nous sommes, tous les trois, convaincus que l'homme est sincère. Le reportage en zone de guerre n'est pas une science exacte. Au cœur des difficultés se trouve la question délicate de la perception que nous avons de nos interlocuteurs. Pas de manuel du parfait grand reporter avec une liste des sources dignes de confiance. Il faut se débrouiller malgré les doutes et les réticences. Peser le pour et le contre, réfléchir et finalement décider.

Ce jour-là, nous décidons que l'homme est fiable. Nous nous trompons. Nous n'avons jamais su s'il nous avait bernés d'emblée. Nous a-t-il sciemment livrés aux insurgés en nous faisant croire que nous pourrions interviewer leur leader ? Ou a-t-il lui-même été trahi ? Mystère. Je me souviens parfaitement bien de ce moment où je grimpe dans ce camion dans une rue de Jolo City. Le trajet, la jungle, et soudain les hommes en armes qui stoppent le véhicule. Ils montent à bord. Je sens, sur-le-champ, que ce n'est pas bon. Je sais, confusément, même si je refuse de l'admettre, qu'ils ne nous laisseront plus partir. Nous sommes otages.

Otages. Pour moi, ce mot est lié au journal télévisé, il est gravé dans mon inconscient comme les noms des otages égrenés tous les soirs dans le journal de 20 heures et le nombre de jours de captivité. Qu'ils soient journalistes, caméramans, preneurs de son, diplomates, chercheurs, sociologues, agents ou expatriés. Tous les otages français détenus dans le monde, au fil des années, n'ont pas eu la même exposition médiatique, mais quand je suis à mon tour privée de liberté sur cette île de Jolo, c'est ce lancinant décompte qui me vient aussitôt à l'esprit. La question vertigineuse du nombre de jours de détention. Je ne me permets pas ici de citer de nom, mais je me souviens parfaitement de prendre conscience, au deuxième jour de ma séquestration, qu'un otage très médiatisé avait passé plus de mille jours en captivité. Presque trois ans. Je connais très bien cette histoire qui a marqué mes années à l'école de journalisme.

Les conditions de détention varient d'un otage à un autre, d'un pays à l'autre, d'un cauchemar à l'autre. Certains ont été enchaînés pendant des mois à un radiateur, les yeux bandés dans une cave, avec interdiction de parler ; d'autres ont vécu des simulacres d'exécution, des tortures psychologiques, des interrogatoires sans fin. Et ceux qui ont été assassinés ne sont plus là pour témoigner de leur calvaire. Nous, nous sommes otages en extérieur, au pied des arbres de la jungle. Nous voyons le soleil et la lune. Ce n'est pas rien. Cela nous donne en permanence un repère temporel. Nous sommes relativement bien traités. Nous ne sommes pas coupés du reste du monde. Loin de là. Nous recevons des colis de vivres et du courrier envoyés par notre rédaction et nos proches. Des intermédiaires, rémunérés par nos geôliers, se chargent d'acheminer à travers la jungle ces cartons et missives venus du monde libre. C'est la spécificité de cette histoire insensée. Nous mangeons quasiment à notre faim, nous dormons dehors, mais nous avons des couvertures, nous bricolons une douche avec des bouteilles en plastique. Je me débrouille pour surpasser mon problème de vision, car au début de cette détention, je vois très mal. Je porte des lentilles au moment de notre enlèvement. C'est l'unique paire que j'ai avec moi. Je dois la jeter dès le premier jour car mes yeux s'infectent dans la jungle, et je n'ai aucun produit antiseptique. Comme je suis myope, je ne sais donc jamais quelle tête font nos geôliers. Sont-ils souriants ou menaçants ? Je les entends, mais leurs visages sont brouillés. Tout ce qui est à plus d'un mètre de distance est flou. Je passe mon temps à demander à mes deux compagnons de me raconter les détails de ce qu'ils observent. C'est un handicap majeur qui alimente des peurs inutiles. Je me promets qu'à mon retour je m'offrirai une opération de la myopie au laser. On ne m'y reprendra pas. Plus tard, je recevrai, dans un colis miraculeux, une paire de lunettes.

Nous sommes souvent réveillés par les combattants qui tirent en l'air à l'arme automatique pour nous effrayer. Mais nous nous habituons vite à leur fanfaronnade. Nous savons pourtant que l'armée philippine pourrait intervenir et bombarder le camp pour tuer le plus de rebelles possible. Nous serions alors un dommage collatéral. Nous vivons dans cette crainte, mais nous la gérons. Nous survivons. Mais mon esprit se délite. Des pensées terrifiantes m'entraînent dans un gouffre.

Une seule fois dans ma vie, j'ai connu le désespoir. Et c'était à Jolo. Les conditions matérielles de détention décentes ne changent rien au puits de détresse dans lequel je m'enfonce psychologiquement au fil des jours. Je ne dis rien à mes deux camarades, je ne peux pas, je ne veux pas partager cet abattement mental si intime. Je fais bonne figure, je m'oppose à nos ravisseurs quand ils se comportent mal. Nous sommes tous les trois de petits résistants. Nous ne nous laissons pas faire. Contrairement à d'autres otages dans le monde, nous pouvons nous permettre de tenir tête à nos geôliers. Je refuse, par exemple, de donner ma seule paire de chaussures à un combattant. Il veut mes baskets pour sa femme, peut-être, je l'ignore. Je sais très bien, en revanche, que si je fais deux pas dans cette jungle sans chaussures, je vais me blesser, risquer une infection. Et qui me soignera ? Je refuse d'ôter mes baskets. Il me fixe, arme en bandoulière, il insiste, prend à témoin d'autres combattants et leur dit que je n'obéis pas. Je sais que cela peut dégénérer dans la violence, mais sans chaussures je suis perdue. J'ai une rage intérieure qui me pousse à ne pas tout subir sans broncher. Je ne cède pas. Il est mécontent, mais finit par abandonner. Ils ont décidé de ne pas nous tuer. Nous valons trop cher.

Nous ne mangeons plus par terre. Nous avons construit une table et un banc en bois. Nous ne nous nourrissons plus avec les doigts, nous avons des couverts. Nous avons gagné la bataille de la dignité. Ou presque. Car dans ma tête une forme d'avilissement s'installe. Un état psychique qui tient en une certitude : je vais vieillir dans cette jungle, je n'aurai donc jamais d'enfants. Je ne sortirai de là que lorsque je serai une femme âgée. J'en suis convaincue : quand je serai libre, ce sera trop tard. Ma vie sera derrière moi. Je suis certaine que je vais rester quinze ans, vingt ans, trente ans prisonnière de cette forêt. Je lutte contre cette idée, mais elle s'impose et dévore les neurones de mon cerveau. Bien sûr, la maternité n'est pas une injonction. Enfanter ne veut pas dire bonheur. Mais, moi, à cet instant de mon existence, j'ai ce désir d'enfants. Or, je suis persuadée que les combattants qui m'entourent feront tout pour que je quitte cette île amoindrie, épuisée et surtout… vieille.

Je suis une femme otage. J'ai autour de moi, en permanence, des hommes en armes qui scrutent le moindre de mes mouvements, de mes gestes. Le commandant du groupe nous rend régulièrement visite. Souvent pour me demander de rédiger une liste de revendications destinée aux négociateurs qui tentent de nous faire libérer. Il exige de l'argent. Un million de dollars par otage. Et une montre de plongée ! Quand il me parle de cet accessoire, je me rends compte, atterrée, combien cet homme est fou, inconstant et dangereux.

Ce commandant ne vit pas dans notre campement de fortune mais dans le village voisin. Il kidnappe des femmes philippines et les épouse. Nous entendons régulièrement de la musique au loin le samedi soir. Selon nos ravisseurs, ce sont des festivités voulues par le commandant. Un soir, nos geôliers nous disent qu'il s'agit de son mariage. Le troisième, selon certaines sources. Quand il vient au camp, j'essaie de lui faire oublier que je suis une femme. Je porte des vêtements amples, je ne souris jamais, je veux être transparente, devenir un territoire neutre. Je nie mon corps, je voudrais être un homme. Je crois pouvoir affirmer que je suis féministe. Mais pendant cette détention, et pour la première fois de ma vie, j'envie la condition masculine de mes deux camarades. Je réussis à tenir le dangereux commandant d'opérette à distance. C'est un combat que je livre avec le soutien constant de mes deux compagnons, dont je m'éloigne le moins souvent possible. Je suis certaine que ce combattant me fera payer mon rejet absolu. Ma punition sera un enfermement pour des années dans cette prison verte.

Mes nuits, sur notre paillasse de bambou, entre mes deux amis, sont désormais peuplées de fantômes. Autour de moi, pendant ces nuits d'effroi, il me semble que plus rien ne respire. Je vois une dame courbée par le temps, exténuée, marchant avec peine dans la jungle. Elle n'est plus que rides et maigreur. C'est moi, après le décompte de mes dizaines d'années de détention. Je connais alors le désespoir le plus profond dans les nuits sans étoiles de la jungle. J'ai le souvenir précis de ces heures sombres. Je n'avais pas peur, je ne craignais pas nos ravisseurs, j'étais juste convaincue que ma déchéance physique allait s'étaler sur des décennies dans la touffeur tropicale. Le lent déclin, les années écoulées, et un jour le retour en France d'une pauvre vieille femme à la peau tavelée, jadis grand reporter.

Je suis libérée le 27 août 2000. Ce jour-là, une délégation de rebelles arrive dans notre campement. Ils exigent que je les suive. Seule. Mes deux compagnons doivent rester sur place. Nos ravisseurs expliquent que je vais être libérée. Mais que les deux hommes ne le seront pas. Je ne les crois pas. J'ai appris, au fil des jours, à me méfier. À cerner leur double jeu. Comme quand ils revendiquent une pratique de l'islam rigoureuse, mais ne pensent qu'aux dollars.

Ce matin d'août, je n'ai pas d'autre choix que de les suivre. Je salue mes deux compagnons aussi calmement que possible, puis je me prépare mentalement à finir en poupée de chiffon, humiliée et violée. Je me demande comment plutôt mourir sur-le-champ. Mais il faut du courage pour saisir le fusil M16 d'un combattant et le retourner contre soi. Saurais-je d'ailleurs m'en servir ? J'observe les armes tout en avançant à pied dans la jungle. Je prie, bien sûr. J'ai le temps de me demander si mes deux compagnons s'en sortiront mieux que moi. À cet instant précis, je suis persuadée que ma vie va s'achever sur cette terre humide et hostile. Je me demande ce qu'ils feront de mon cadavre. Je pense aux êtres chers. Je leur parle. L'homme avec qui je partage ma vie, mes parents, mes sœurs, mes amies et amis. Je ne veux oublier personne. Le temps n'est pas aux regrets. Je suis avec eux. Seule avec mon monde, ma petite tribu d'êtres aimants.

J'ai vaincu mes geôliers. Ils n'existent plus. Mais contrairement à mes certitudes, le scénario du pire ne se réalise pas. Finalement, après des minutes qui ressemblent à une éternité : rien. Aucune violence, mais un camion qui surgit dans lequel je reconnais d'autres femmes otages occidentales. Les cris, l'excitation des combattants. Ils hurlent que nous allons être libres. Je me dis qu'il ne faut pas les écouter. Que j'ai déjà fait mes adieux, de toute façon, à ceux et à celles qui comptent pour moi. Je regarde les autres femmes. Je prends conscience qu'elles me répètent que nous allons être libérées. Je reviens dans le vrai monde.

Le camion s'embourbe à plusieurs reprises. Nous arrivons à un carrefour. On me tire par le bras. Bousculade, confusion et premiers uniformes de l'armée philippine. Je comprends que je ne suis plus en territoire rebelle. Je saisis que l'un des intermédiaires chargés de négocier notre libération est présent. Je le reconnais. Il est libyen. La Libye subit alors le règne du dictateur Mouammar Kadhafi. Ce pays a financé l'armement de nos geôliers, les terroristes d'Abu Sayyaf. Ces connexions vont permettre au colonel Kadhafi d'endosser, dans cette affaire, le rôle de « Monsieur Bons Offices ». Cette prise d'otages est pour le guide de la révolution l'occasion de redorer le blason de son pays. Il a déjà obtenu la levée des sanctions internationales imposées par les Nations unies après, entre autres, l'attentat de Lockerbie, le 21 décembre 1988. Tripoli est accusé d'avoir commandité cette attaque meurtrière, l'explosion en vol d'un Boeing 747 au-dessus de la petite ville écossaise de Lockerbie a tué 243 passagers et 16 membres d'équipage. En 2003, Tripoli finira par reconnaître sa responsabilité et livrera les suspects de l'attentat.

En attendant, la Libye offre « une substantielle aide au développement » à la région où opèrent nos ravisseurs. Vingt-cinq millions de dollars. Des rançons déguisées. Et c'est ainsi que je suis libérée, en même temps que cinq autres otages. En contrepartie, nous devons passer par Tripoli avant de rejoindre Paris, avec photos et conférence de presse. L'humiliation est cuisante. Il faut faire bonne figure et sourire. Un État paria, commanditaire d'attentats sanglants, est donc à l'origine de ma liberté retrouvée. Mais je ne vieillirai donc pas dans la jungle.

Trois mois après ma libération, je suis enceinte. Je porte la vie. Jolo est derrière moi. Définitivement. Je me sens forte. Je suis en titane. Le père de l'enfant à venir est solide. Il n'a jamais douté que je reviendrais saine et sauve de cette aventure. Ce goût de l'existence ne le quitte jamais. Je décide que je parlerai le moins possible de cette détention. Je ne veux pas porter l'étiquette d'ex-otage. Ce serait faire trop d'honneur à nos ravisseurs. Ils n'auront même pas mon mépris. Ils disparaissent, pas complètement évidemment, mais ils ne sont presque plus rien pour moi.

Un an après mon retour, le 23 août 2001, notre premier enfant voit le jour. Notre deuxième garçon naît deux ans et demi plus tard. Mes deux fils représentent l'une des raisons de me lever le matin. Ils expliquent, en partie, ma volonté d'entreprendre, d'être à la hauteur, de ne jamais renoncer, de partir en reportage, de revenir, de les regarder devenir de jeunes adultes, d'écouter leurs doutes et leurs certitudes, de fêter leurs succès, de relativiser leurs échecs. Ils me portent. Ils sont l'une des grandes chances de ma vie. Cela peut paraître excessif. Mais c'est tout à fait juste. La prophétie, non réalisée, de vieillissement dans la jungle explique, je crois, cette omniprésence de mes enfants dans ma vie. Même quand je suis aux confins des lieux les plus hostiles.

Je me remets facilement, psychologiquement et physiquement, de ce kidnapping. Je m'accorde un mois de repos. Pendant ces vacances bénies, mes deux compagnons de détention s'évadent. À leur retour à Paris, ils racontent qu'une offensive de l'armée philippine a obligé leurs ravisseurs à quitter notre campement et à fuir dans la jungle. Pendant l'une de ces marches forcées, mes deux amis faussent compagnie à leurs geôliers. Ils se cachent sur le bas-côté de la route, puis derrière une maison, profitant de la retraite désordonnée des rebelles. Les terroristes d'Abu Sayyaf, occupés à sauver leurs vies, sont moins vigilants sur la surveillance des otages. Mes deux camarades passent la nuit dans cette planque, puis repèrent un véhicule de l'armée régulière sur la route. Ils sortent de leur cachette. Ils sont sauvés et libres. Ce dénouement heureux me libère, me permet de passer à autre chose.

Mes parents s'empressent, eux aussi, d'oublier cette péripétie journalistique qui aurait pu mal tourner. Ils ne me font aucun reproche. Ils ont été très inquiets. Ils me le disent quand je les revois. Puis ne m'en parlent plus. Je ne viens pas d'un milieu où l'on s'épanche sur ses peurs, ses sentiments intimes. Vivre, être heureux parfois, endurer souvent, et ne jamais gémir. Ou si peu.

Je suis, je l'ai déjà mentionné, fille de paysans bretons. La ferme de mes parents, dans mon Ille-et-Vilaine natale, était d'une superficie de 35 hectares. Ils n'avaient hérité, lors de leur mariage, que de quelques hectares, mais au fil des années ils ont progressivement acheté d'autres terres. Tout cela en travaillant avec acharnement. Comme le firent avant eux leurs parents et grands-parents qui étaient, eux aussi, agriculteurs dans le même village. Avec une superficie de 35 hectares, leur exploitation était, à l'époque, de taille moyenne. Ils y cultivaient du blé, du maïs, et y élevaient des bovins. Dans les années 1970, la ferme est « modernisée », et des porcheries sont construites. Cinq cent douze cochons sont élevés et engraissés tous les quatre mois. C'est le moment où la Bretagne se couvre de bâtiments d'élevage intensif. Ces porcheries industrielles vont progressivement donner la nausée aux citadins et être décriées, entre autres, parce qu'elles polluent. Des urbains trop souvent censeurs qui ignorent combien ces hommes et ces femmes aiment leur terre, leurs champs, et les connaissent parfaitement bien. Un monde de travailleurs opiniâtres, qui n'auraient jamais l'idée de compter leurs heures. C'est une réalité incontestable que j'ai vérifiée pendant toute mon enfance et ma jeunesse. On y gagne très mal sa vie. Les vacances sont rarissimes, les dépressions nombreuses, les suicides aussi. Ce sont des faits documentés, connus du grand public. Mes parents, fort heureusement, vivent aujourd'hui, à l'âge de quatre-vingt-huit ans, une retraite plus que méritée. Ce n'est pas la richesse. Ce n'est pas non plus la pauvreté. Au regard de leurs longues années de labeur, sept jours sur sept, leurs pensions sont pourtant le signe, à mes yeux, d'une grande injustice. Mais jamais il ne leur viendrait à l'esprit de se plaindre, parce qu'il y a toujours plus malheureux que soi. Leurs terres ont été vendues, elles sont passées, au fil des années, entre les mains de plusieurs autres agriculteurs. Elles appartiennent désormais à un exploitant qui possède trois cents hectares. Les fermes sont donc aujourd'hui plus grandes, mais le mal-être du monde agricole est plus que jamais d'actualité.

J'ai d'ailleurs souhaité couvrir les grandes manifestations des agriculteurs au début de l'année 2024. Une manière discrète de rendre hommage à mes parents. Les exploitants agricoles protestent contre les prix bas de certains produits, les importations de denrées moins chères, mais aussi contre les jachères, les normes, le prix du gazole, la PAC, la politique agricole commune. Pour cette série de reportages, je suis postée, avec une équipe, sur un barrage au sud de la ville d'Agen. Nous passons la nuit sur cette portion d'autoroute bloquée par des centaines de tracteurs et d'agriculteurs en colère. Nous avons pour mission de réaliser un portrait croisé de deux exploitants, l'un en secteur conventionnel, l'autre en agriculture biologique. Les hommes et les femmes discutent autour de feux improvisés pour se réchauffer. Le froid est tenace ce jour-là. Je passe de groupe en groupe pour trouver deux personnes qui accepteraient de témoigner. J'essuie plusieurs refus jusqu'à ce que deux hommes acceptent de se confier. Le premier a quarante-six ans. Son fils de dix ans est avec lui sur le barrage. J'écoute ce père de famille, et j'ai l'impression d'entendre mes parents quand ils évoquaient autrefois leurs propres difficultés. Frédéric cultive une centaine d'hectares en non-biologique, principalement des céréales, mais aussi des légumes. « Je travaille dix, douze, quinze heures par jour, me dit-il. Je gagne moins de 900 euros par mois, et ce n'est pas tous les mois. » Je pose une question sur les vacances en connaissant déjà la réponse. « Pour ainsi dire jamais, me répond-il, et les petits ne sont pas contents que l'on ne parte pas au moins un peu au bord de la mer. » Ses propos me replongent dans mon enfance : les départs en vacances en famille sont impossibles. Qui s'occuperait des bêtes ?

Le lendemain matin, nous nous rendons dans sa ferme. Dans un champ, avec son épouse à ses côtés, il se désole devant ses choux de Bruxelles. Ils ne sont pas payés au juste prix : « Il faudrait être rémunéré 2,30 euros le kilo pour s'en sortir. Or les centrales d'achat de la grande distribution alimentaire ne donnent que 1,80 euro », explique-t-il. C'est l'une des revendications centrales des agriculteurs : vendre leurs produits au juste prix. Les lois Egalim, votées entre 2018 et 2023, censées protéger les revenus agricoles, sont en effet encore largement contournées.

Le désarroi est le même pour l'agriculteur qui a fait le choix du bio. Nous voici devant un bâtiment dans lequel il élève des poulettes. Elles pondront des œufs bios. « Mais les normes, dit-il, changent en permanence. » Il est contraint d'investir sans cesse dans de nouveaux aménagements alors qu'il est déjà lourdement endetté. « Vingt-cinq mille euros par exemple en 2022 pour la construction de trappes supplémentaires », explique-t-il, afin de permettre aux volatiles de sortir plus facilement. Son père, agriculteur à la retraite, perçoit une pension de 1 000 euros par mois. Il espérait que son fils, qui cultive en secteur bio, vivrait mieux que lui. Force est de constater que ce n'est pas le cas.

Le lendemain, nous voilà juchés sur un tracteur, en route avec les manifestants vers la préfecture du Lot-et-Garonne. Celle-ci sera copieusement arrosée de lisier. Mais auparavant, notre arrivée dans le centre-ville d'Agen me bouleverse et m'émeut, même si je contiens mes émotions. Des centaines de citadins applaudissent au passage des engins. Le monde paysan rend la circulation infernale dans toute la France. Pourtant le mouvement reste très populaire. Sur ce tracteur, je pense à mes parents : ces applaudissements sont aussi pour eux.

Dans ma famille, il n'y a aucun journaliste. Je n'avais absolument pas les codes pour entrer dans le monde de la presse. Je me demande encore par quel stupéfiant hasard j'ai été acceptée au CUEJ, le Centre universitaire d'enseignement du journalisme de Strasbourg. Ma détermination, lors des oraux, fut sans doute mon sésame. Avant d'intégrer cette école sélective, j'étudie les lettres modernes à l'université de Rennes. Pour réussir les concours des écoles de journalisme, il aurait peut-être été plus utile d'étudier les sciences politiques. Mais dans mon milieu agricole et provincial, personne n'a su, ou pu, me conseiller. J'étudie donc la littérature à Rennes et, en même temps, je suis surveillante dans un lycée d'enseignement professionnel à Saint-Brieuc. Deux jours entiers, plus une demi-journée et deux nuits par semaine, je suis loin de ma faculté puisque je dois financer mes années universitaires. Mes parents ont quatre filles. Nous étions des sœurs très proches et très soudées, nous le sommes restées. Nos parents paient volontiers tout ce qu'ils peuvent. Mais leurs ressources sont ce qu'elles sont. Je ne peux pas assister à tous les cours à Rennes puisque je surveille des classes de permanences d'élèves à Saint-Brieuc, tout en étant chargée du dortoir des filles de l'internat du lycée.

Je suis en quelque sorte une étudiante de seconde zone. Je ne passe pas mon temps à me cultiver, mais à rattraper les cours que je n'ai pas pu suivre. Je sens le piège de ces études au rabais se refermer sur moi. Je me souviens parfaitement bien de ce moment clé où je me dis que je ne vais pas me laisser faire. J'ai ce vieux rêve enfoui d'écrire des articles, de devenir journaliste.

Il est né devant les pages du quotidien régional *Ouest-France*, ce journal auquel mes parents sont abonnés, et qu'ils lisent quasiment religieusement. Je m'autorise peu à peu à penser que ce métier est peut-être possible. Je refuse de me contenter de rêves de peu. J'ai vingt-deux ans, et je décide de travailler seule sur l'actualité, les faits de société, la politique nationale et internationale. Je dévore la presse et les livres. Pendant un an je prépare les concours des écoles de journalisme tout en supervisant des permanences d'élèves. Je rattrape mon retard. Enfin j'essaie. Je colmate les brèches culturelles. Je cache la misère. Je réussis le concours de l'école de Strasbourg. Le Crédit agricole de ma commune natale me prête l'argent nécessaire pour étudier deux ans en Alsace sans travailler. Je serai journaliste. J'ai gagné cette bataille.

Dans les rédactions nationales françaises, aujourd'hui encore, une infime poignée de journalistes sont filles ou fils d'agriculteurs. Je suis une anomalie, un ovni. Tout l'échec de notre système éducatif serait-il résumé avec cette statistique ? Une partie de la jeunesse de ce pays est-elle coincée dans son milieu d'origine ? Oui, c'est incontestable. Mais il y a une autre façon de voir les choses. Je suis légitime pour dire à celles et à ceux qui ont le sentiment de n'être pas tout à fait nés au bon endroit que tout est possible. Le combat est inégal. Mais il est gagnable. Même s'il faut admettre qu'il est nécessaire de souquer ferme.

Je suis, selon les sociologues, une transfuge de classe. Je n'aime pas l'expression. Elle semble supposer qu'une classe serait plus enviable qu'une autre. Or ce n'est pas ce que je pense. La classe sociale à laquelle appartiennent mes parents force mon respect. Elle m'oblige. Je ne la renie pas. Au contraire : je la regarde bien en face et lui offre mon parcours qui n'était pas écrit. Je ne cache pas, néanmoins, qu'après plus de trente-cinq ans de métier, et malgré quelques modestes succès, j'éprouve toujours le syndrome de l'imposteur. J'ai le sentiment d'être entrée par effraction dans le cénacle des rédactions parisiennes. Je n'aurai jamais l'assurance des gens bien nés. C'est ma force et ma faiblesse. Mes enfants, je le vois, ne sont pas victimes de ce déterminisme social, de cette anxiété natale, qui rend la confiance en soi parfois compliquée. Bien sûr, ils ont des doutes, connaissent les échecs. Mais ils avancent confiants.

Revenons à mon passage de l'autre côté de l'écran, et à mon retour dans la rédaction après ma détention. Après un mois de congé, je demande que l'on ne me traite pas comme une ex-otage. J'exprime au contraire avec fermeté ma volonté de repartir sur des terrains difficiles. Ce que l'on me concède.

La médecine du travail de France Télévisions me conseille toutefois un suivi psychologique. Je me rends à deux rendez-vous dans un hôpital déprimant. Je déteste cela. Je sais que, dans mon cas, ce n'est pas la solution. Pour d'autres, c'est une nécessité, un sauvetage. Pour moi, c'est un cauchemar de devoir raconter ce que nous avons vécu. C'est faire trop d'honneur à mes geôliers de pacotille que de parler d'eux à Paris devant un psychiatre. Je veux passer à autre chose. Alors je refuse les rendez-vous suivants.

Je sens déjà que j'ai gagné un grand combat. Mes ravisseurs ne m'ont pas brisée. Je ne leur accorde pas cette victoire. Ils ont perdu. Je vais continuer à faire mon métier.

CHAPITRE 2

Une goutte d'eau dans l'enfer de Port-au-Prince Haïti, janvier 2010

Un matelas d'enfant aux motifs bariolés gît sur le trottoir. Une légère forme se distingue sous la couverture, par 40 degrés à l'ombre. Je m'approche. Un souffle de vie. La directrice de l'orphelinat où nous tournons notre reportage titube autour des enfants blessés, assis ou allongés, devant le bâtiment détruit par le séisme. Elle est en état de choc. La dame aux cheveux blancs est perdue, sidérée. La responsable, habituellement alerte et organisée, ne voit pas le deuxième drame qui se joue sous ses yeux. Elle soulève la couverture: «Il est en grande souffrance», dit-elle. Je ne suis pas médecin, mais je comprends que ce garçonnet meurt sur ce trottoir.

Jerry La France, c'est son étrange prénom. Est-ce un signe, ce prénom qui évoque mon pays? Il est allongé sur le côté. «Trois ans et demi», me dit-elle. Un T-shirt trop court, pas de culotte. Longues jambes minces. Je ne vois qu'une partie de son visage tuméfié. Pansement sur le crâne, la peau de sa joue éraflée. La paupière de son seul œil visible est gonflée. Et ce soleil qui cogne si fort que, nous-mêmes, adultes, nous nous sentons mal dans cette ville gorgée de cadavres en décomposition. Je sais qu'il meurt, ou au minimum qu'il souffre de déshydratation. La directrice de l'orphelinat me dit que non, mais je pense qu'elle se trompe. Elle m'explique que le Doliprane devrait suffire. La violence de ce qu'elle vient de vivre lui a fait perdre son savoir, son sang-froid, sa capacité de réaction.

Cinq jours auparavant, le 12 janvier 2010, un tremblement de terre de magnitude sept sur l'échelle de Richter a pulvérisé une partie de la capitale haïtienne. La terre a été secouée de gigantesques convulsions. En février 2010, le gouvernement haïtien dénombre 230 000 morts et 300 000 blessés, et 1,5 million de personnes sont déplacées. Des milliers de maisons sont affaissées, une trentaine de bâtiments publics sont détruits : des écoles, des universités, l'hôpital central de Port-au-Prince. Le Palais national, siège de la présidence, s'est effondré. Les services de la nation sont paralysés. Des centaines de milliers de victimes agonisent sous les décombres. Et ce chiffre extravagant : sur 10 millions de Haïtiens, 3 millions sont touchés, soit un habitant sur trois. Parmi eux, la directrice de l'orphelinat. Elle affronte quasiment seule la tragédie de son centre détruit. Les cinquante-trois enfants morts sous le béton et les autres, « ses petits », meurtris dans leur corps et leur âme et qui vivent désormais sur le bitume au milieu des ruines. Les secours internationaux ne sont pas encore arrivés dans cette partie de la ville.

Je pense aussitôt à mes enfants, Angelo et Noé, mes deux fils. À cette époque, je suis correspondante permanente aux États-Unis. Je suis basée à Washington DC. Nous avons fait de ma nomination à ce poste une aventure familiale pour mes deux jeunes garçons et leur père, qui a accepté de me suivre tout en essayant de mener sa propre carrière. Un homme doué pour le bonheur, toujours prêt pour un nouveau départ. Le temps d'une fraction de seconde, micro à la main, dans cette rue de Port-au-Prince, je suis projetée aux États-Unis. Je vois mes deux enfants, âgés de neuf et six ans, marcher vers la petite école américaine publique que nous avons choisie dans un premier temps. Leur teint rose, leur bonne santé évidente, les paniers de basket devant les maisons et les pelouses impeccables sur leur passage. L'Amérique propre des banlieues de la classe moyenne. Dieu qu'ils sont loin, mes fils, et si proches à la fois. Jerry La France est orphelin parce que sa mère, trop pauvre, a dû l'abandonner. Et mes deux garçons de leur côté bénéficient des privilèges de l'expatriation dans le pays le plus riche du monde.

Où que j'aille, dans les endroits les plus improbables de la planète, dans les circonstances les plus joyeuses ou les plus dramatiques, mes deux enfants ne quittent jamais mon esprit. La maternité a colonisé mon âme, les recoins de mon corps et de mon cœur. Plus que je ne l'aurais jamais imaginé. Grand reporter, oui. Reporter de guerre, parfois. Reporter tout court, souvent. Mais aussi, et surtout, mère. Comme beaucoup de mamans des rédactions du monde entier ! Mais ce qui va de soi va mieux en le disant, car j'ai souvent le sentiment que l'on nous imagine faites d'une autre pâte, nous, les femmes reporters. Cela s'applique d'ailleurs aussi à toutes les femmes exerçant un métier parfois dangereux. Nous serions forcément spéciales puisque nous laissons derrière nous nos enfants, alors que nous ne sommes pas certaines de revenir vivantes. Assumer la prise de risque, l'accepter, ne nous empêche pas, au contraire, d'être exactement comme toutes les mères aimantes du monde : préoccupées par le dîner du soir, les rougeoles, les premiers pas, les premiers mots, les devoirs, les inscriptions au club de foot, les professeurs bienveillants ou non, les premières sorties et amours, les réussites et les échecs. Les femmes reporters sont des spécialistes de la gestion des problèmes à distance et elles sont comblées quand, par le plus grand des hasards, elles sont à la maison au bon moment. Ce soir, je ne serai pas chez moi pour lire une histoire à mes fils, mais, quand je regarde Jerry, je me dis que je suis au bon endroit.

Peut-on se contenter uniquement de filmer ? Peut-on faire le constat de la monstruosité de cette catastrophe – un énième enfant meurt seul sur un trottoir – et passer son chemin après avoir tourné notre reportage ? Pourquoi cet enfant plus qu'un autre ? La réponse est simple : parce qu'il est rare, même dans notre métier, d'avoir conscience que l'on peut un tout petit peu changer le cours des choses. Au sein de l'équipe, nous sentons tous confusément que Jerry pourrait peut-être vivre s'il était pris en charge. Au cours de ce reportage, je travaille avec un caméraman américain et une journaliste monteuse française habituée à ces terrains et devenue une amie. Nous n'avons pas besoin d'en débattre. Nous allons essayer d'aider cet enfant.

La providence prend le visage d'une jeune médecin militaire envoyée par l'ambassade de France. Avec elle, deux secouristes. Ils ont pour mission de visiter les orphelinats de la capitale. Ils ne savent rien de la situation de celui-ci en particulier. Il n'y a quasiment plus de communication téléphonique dans la ville. Ce sont des parents adoptifs français qui ont alerté le ministère des Affaires étrangères à Paris. Ces couples sont fous d'inquiétude. Ils attendent souvent depuis des années de pouvoir fonder une famille en adoptant un enfant en Haïti. Certains ont déjà fait le voyage vers Port-au-Prince. Ils sont déjà venus dans l'orphelinat avant le séisme. Ils ont l'agrément pour adopter l'un des enfants. Des parents adoptifs ont ainsi déjà rencontré Jerry et sa petite sœur, qui vivent ensemble dans le même orphelinat. Leur chambre est prête quelque part dans une petite ville de l'Hexagone. Il ne restait plus que quelques formalités administratives à régler avant leur départ pour Paris. C'était avant le drame dont parle le monde entier. C'était avant le tremblement de terre. C'était avant le matelas sur le trottoir et le corps blessé de Jerry sous une couverture trop chaude.

La doctoresse explique à la directrice qu'elle vient l'aider. La dame aux cheveux blancs ne mentionne pas l'existence, qui ne tient qu'à un fil, de Jerry plus loin sur le trottoir. Elle parle des enfants légèrement blessés, de ceux qui sont en état de choc. Elle demande des vivres, de l'eau, des pansements, des médicaments. Je dois oser, m'immiscer dans la conversation, sans ressembler à ces journalistes arrogants qui croient tout savoir. Je me présente : « Maryse Burgot, en reportage pour France Télévisions. » Je sais combien, sur ce genre de crises, les médecins peuvent détester les journalistes. Des voyeurs sans états d'âme qui vendraient père et mère pour une image. Je le lis si souvent dans le regard de nos interlocuteurs. Et j'en conçois, chaque fois, malgré les années de métier, un grand sentiment d'injustice. Sera-t-elle de ceux et de celles qui nous voient comme des charognards ?

Non, elle m'écoute et se moque bien, dans l'urgence, de qui nous sommes. Je lui dis que je voudrais me permettre, avec l'accord de la directrice, de la conduire vers un enfant. « Oui », dit-elle, même si elle m'explique étrangement qu'elle n'est pas là pour soigner « mais pour dresser un *inventaire* de la situation ». Je m'étonne, j'insiste. Elle soulève la couverture de Jerry. « Il est brûlant, dit-elle, trop de fièvre, il va mourir si nous ne faisons rien. Il faut tout de suite l'emmener à l'hôpital pour, au moins, le mettre sous perfusion et l'hydrater. »

La dame aux cheveux blancs estime que ce n'est pas nécessaire, reparle du Doliprane. La jeune soignante, tout juste diplômée, ne l'écoute pas. Elle tergiverse, dit qu'elle n'est pas venue pour cela. Mais, en même temps, elle refuse de ne rien faire. Elle n'a pas d'ambulance. Les deux hommes qui l'accompagnent tentent d'en trouver une. Leurs appels téléphoniques ne passent pas. Je ne comprends pas pourquoi ils ne prennent pas Jerry dans leur voiture puisqu'il n'y a aucune ambulance. Elle m'explique que ce ne serait pas réglementaire, le véhicule n'est pas médicalisé. Même dans ces circonstances dramatiques, il n'est pas possible de déroger à cette règle, me dit-elle. Dans un autre véhicule que le leur, oui, ce serait envisageable. Malheureusement, il n'y a plus aucune voiture dans le quartier. Elles ont toutes été détruites lors du séisme ou ont été réquisitionnées pour les secours. Je propose la nôtre. Ils acceptent. Elle soulève le corps fiévreux avec rapidité, mais délicatesse. Je vois le visage entier de Jerry. Il est beau malgré sa joue blessée et son pansement sur le crâne. Il a aussi une plaie sur la jambe. « Début de gangrène ? » s'interroge la jeune femme. Je remarque l'apparente et trompeuse quiétude de l'enfant qui semble endormi, sa jolie peau brune, son corps gracile et élancé.

Dès qu'elle est assise dans la voiture, la doctoresse tente de le faire boire à la seringue. Des perles d'eau coulent sur son menton mais quelques gouttes parviennent entre les lèvres de Jerry. Il semble avaler. L'espoir, tout à coup, jaillit dans la voiture qui se perd dans l'obscurité de la nuit tombée. Dans le dédale de rues en ruine, d'asphalte défoncé et de façades en lambeaux, nous recherchons un hôpital privé où des médecins martiniquais, arrivés en renfort, soignent les victimes du séisme. Je prie, je supplie tous les dieux du monde de s'unir pour sauver Jerry qui ne peut pas ouvrir ses yeux trop gonflés. Nous sommes toujours dans le véhicule, la femme médecin lui parle avec douceur. Il ne répond pas. Mais elle s'adresse à lui sans interruption. Elle lui dit la vérité : « Tu es blessé mais je suis là, c'est mon métier d'aider les enfants blessés. » Elle me passe la première seringue vide, j'en remplis une deuxième.

Seringue. Me voici à Paris dans notre appartement parisien, neuf ans auparavant. Notre fils de six mois vient d'être opéré d'une malformation très handicapante mais réparable. Notre bébé souffre. Les antidouleur ne fonctionnent pas. Je voudrais extirper la souffrance de notre bébé. De retour à la maison, après l'hospitalisation, nous le nourrissons à la seringue. Les biberons et petites cuillères lui sont interdites en raison de la fragilité de son palais. Il ne mange pas assez, perd du poids. Nous en oublions de dormir. Je suis comme toutes les mères et tous les pères du monde confrontés à la souffrance de leurs enfants. Nos cœurs en charpie, nos corps écrabouillés de rage et d'impuissance. J'ai bien conscience que d'autres parents vivent des choses mille fois plus difficiles, comme la disparition brutale d'un enfant, par exemple, ou sa lente agonie liée à une maladie. Mais j'ai touché du doigt, l'espace de quelques semaines, ces sentiments indicibles. Le gouffre d'angoisse dans lequel peut nous plonger la douleur d'un enfant. Et les conflits que je couvre ne m'ont pas endurcie. Serait-ce le contraire ? Les seringues de bouillies et notre amour inconditionnel vont finalement requinquer notre bébé épuisé. Sauveront-elles Jerry ?

Nous arrivons dans un minuscule hôpital de Port-au-Prince où le personnel est débordé. Pourtant, Jerry disparaît en moins d'une minute de notre champ de vision pour être pris en charge et mis sous perfusion. Un scanner, me dit un médecin, permettra d'évaluer sa blessure au crâne. Faudra-t-il l'amputer ? Je me dis qu'il va survivre, je veux le croire. Nous le laissons derrière nous et quittons les lieux. Nous devons dormir quelques heures. Nous sommes privilégiés : nous avons une toile de tente pour nous abriter et quelques rations alimentaires distribuées par l'armée américaine et française. Nous nous sommes installés devant la résidence détruite de l'ambassadeur de France. Des centaines d'expatriés français sont là également. Ils ont souvent tout perdu et attendent les avions d'évacuation. Nous les écoutons et comprenons leur détresse. Mais il faut tenir la distance. Se reposer un peu pour monter le lendemain notre sujet et envoyer à Paris notre reportage.

Nous avons filmé plusieurs séquences devant l'orphelinat détruit : une avec la sœur de Jerry, muette de terreur et terriblement seule dans sa petite robe bleue. Elle est assise sur un matelas. Une autre avec cette directrice aux abois. Quelques images de Jerry, filmé avec délicatesse par notre subtil caméraman, pas trop près. Il est inutile de rajouter du drame au drame. Je préviens mes responsables à Paris, une patronne de l'information et un chef de service professionnel. Nous sommes obsédés tous les trois par une chose : il faut prévenir les parents adoptifs de Jerry. Il faut qu'ils sachent qu'il est blessé, mais soigné. Et que sa petite sœur est en vie elle aussi. Ils ne doivent pas découvrir cela par hasard en regardant le journal de 20 heures.

Nous trouvons leurs coordonnées. L'appel est passé de Paris. Les jours suivants nous demandons des nouvelles : Jerry est sauvé. La blessure à la tête sera soignée. Il n'aura pas de séquelles malgré un gros traumatisme crânien et ne sera pas amputé. Quelques jours plus tard, il est transféré par avion en Martinique. La rédaction reçoit beaucoup de réactions après la diffusion du reportage. Les téléspectateurs demandent des nouvelles de Jerry. Nous en donnons, bien sûr.

Jerry est aujourd'hui un jeune bachelier français de dix-huit ans. Il ne sait sans doute pas combien une équipe de télévision et des téléspectateurs ont espéré pour lui. Ses parents adoptifs n'ont pas souhaité maintenir de liens avec France Télévisions. Ce qui se conçoit parfaitement. Mais cette rencontre restera pour moi inestimable : de précieuses gouttes d'eau dans une seringue et le sentiment d'avoir été doublement utile. En faisant notre métier et en aidant une équipe médicale à sauver une vie. Une goutte d'eau dans l'enfer de Port-au-Prince.

Pendant cette mission, nous sommes restés trois semaines à Haïti avec mon équipe. Un moment reste gravé dans ma mémoire : le passage de la frontière entre la République dominicaine et Haïti. Une arrivée en avion à Port-au-Prince n'est pas une option. La piste de l'aéroport a été détruite par le tremblement de terre. Nous atterrissons donc à Saint-Domingue, capitale de la République dominicaine. Les deux pays se partagent l'île caribéenne d'Hispaniola. Deux mondes séparés par une stupéfiante ligne de fracture. D'un côté, les touristes et les plages de Saint-Domingue, de l'autre, la pauvreté endémique de Haïti. Comme si cette terre, pourtant la même des deux côtés, avait décidé de tout donner à un pays, et de tout refuser à l'autre.

La luxuriante végétation de la République dominicaine contraste avec la catastrophe écologique en Haïti, largement déboisé au fil des siècles. Voilà ce qui nous saute aux yeux lors de notre trajet quand nous passons la frontière ce jour-là : Haïti est en train de perdre ses arbres. C'est notre premier choc. Cette déforestation a commencé par la plantation massive de café et de canne à sucre au XVIIIe siècle. Haïti est alors sous domination française. Lors de l'indépendance en 1804, Paris exige de son ancienne colonie des indemnités compensatoires, ce qui contribue à l'appauvrissement du pays. Les Américains exploitent ensuite les hévéas. Plus tard, le dictateur François Duvalier (dit « Papa Doc ») érige l'exploitation industrielle du bois en modèle. Aujourd'hui, les Haïtiens nécessiteux utilisent encore massivement le charbon de bois pour cuisiner et, ce faisant, accélèrent la destruction des arbres et de leur pays. Comme si les malheurs ne suffisaient pas.

Une semaine après le tremblement de terre, l'aide alimentaire arrive enfin à Port-au-Prince, mais au compte-gouttes. Les Américains ont réparé, puis sécurisé l'aéroport. Mais les tonnes de vivres s'amoncellent sur le tarmac. Il est impossible de les acheminer, les routes sont encombrées de tonnes de gravats qui empêchent toute circulation. Une certaine bureaucratie propre aux ONG dans les zones en crise s'installe. L'État haïtien étant à l'agonie, les associations humanitaires prennent le relais. Mais elles agissent parfois en ordre dispersé. Et des milliers d'adultes et d'enfants ont faim. Port-au-Prince compte par centaines d'interminables files d'attente. Sous une chaleur de bête, les hommes, les femmes, les enfants reçoivent chacun un biscuit protéiné. Les resquilleurs doublent les enfants. Les voleurs prennent les gâteaux des plus petits. J'essaie de m'interposer mais je dois renoncer, les tricheurs sont trop nombreux.

Nous suivons une maman. Elle nous montre la soupe qu'elle fabrique avec ces gâteaux. De l'eau et les biscuits de l'ONU écrasés. Le soleil se couche, cette bouillie sera le dîner de cette famille ce soir. Mes enfants, à mille kilomètres d'ici, apprécieront-ils la viande, les légumes et les fruits dans leurs assiettes ? Port-au-Prince commence à être livrée aux pillards. Les policiers ne parviennent plus à maintenir l'ordre partout. Mais ce n'est pas pour autant l'anarchie. Nous admirons la capacité de ce peuple à tenir dans l'adversité. J'ai ressenti cette même résilience inouïe en Ukraine, douze ans plus tard, lors de l'invasion russe : cette même extraordinaire capacité à affronter le pire, et à croire qu'un jour, demain, les heures heureuses reviendront.

Un homme nous interpelle. Il a reçu des SMS : ils ont été envoyés par des personnes qui appellent à l'aide. Elles sont là, ces victimes, ensevelies sous les gravats de cet immeuble juste devant nous. Il faut me croire, me dit-il. Nous nous approchons. Une femme assure qu'elle vient d'entendre un cri venu des débris. Des sauveteurs américains arrivent. Ils imposent le silence. Plus un bruit pour, éventuellement, entendre une voix. Temps suspendu et fol espoir : dix jours après le séisme, des victimes sont encore sorties vivantes des décombres. Alors autour des gravats, nous voulons tous croire au miracle. Mais rien. Ou plutôt si, le terrible signe : le chien des sauveteurs vient de déféquer sur les ruines. Il a été entraîné à cela s'il sent un cadavre. L'animal a flairé la mort.

L'homme aux SMS pleure en écoutant l'explication des Américains. Les sauveteurs arrêtent les recherches tandis que le père de famille s'assoit sur le bitume. Il me dit que sa femme et ses deux enfants sont sous les décombres. A-t-il vraiment reçu des SMS ? Ou était-ce une façon de convaincre les sauveteurs de chercher encore ? Son désespoir absolu me tourmente encore. Il a perdu toute sa famille. Un égaré parmi les vivants aux marges du monde. Qu'est-il devenu ? A-t-il survécu à l'insurmontable ?

Nous sommes sidérés par le nombre d'ONG arrivant en Haïti après le séisme. Nous pressentons l'autre catastrophe à venir. Car malgré cette aide humanitaire massive, Haïti va s'enfoncer dans la tourmente. Les dons ont un effet pervers. Ils règlent les problèmes ponctuels, mais permettent de reporter les réformes structurelles nécessaires. Dix milliards d'aides ont été promis, lors de la conférence internationale des donateurs en mars 2010 à l'ONU, mais ne sont jamais arrivés aux bons endroits. Quatorze ans plus tard, le bilan de reconstruction est affligeant. Les organisations internationales des pays donateurs ont des frais de gestion importants, il faut payer les intermédiaires et les personnels étrangers. Mais reconnaissons que l'instabilité politique chronique en Haïti ne permet aucune confiance. L'État est aujourd'hui en pleine déliquescence, totalement défaillant quand il n'est pas corrompu. Port-au-Prince est passée sous la coupe des gangs armés. Ils tuent, enlèvent riches et pauvres pour des rançons. Le racket et les pillages ont été érigés en mode de vie. Selon les dernières estimations de la Banque mondiale, la pauvreté a augmenté de près de 30 % en 2023. Quatorze ans après le séisme, Haïti s'enfonce toujours plus dans le chaos. Jerry et sa sœur auront-ils un jour envie de revoir cette terre qui faillit les engloutir ?

Chapitre 3

Je reviens toujours
Ukraine, depuis février 2022

Dans un parking souterrain, une fillette vomit. Elle est si blanche. Elle tremble et tressaille dès que les murs tremblent. Nous nous trouvons dans les sous-sols d'un hôtel de Kharkiv, deuxième ville de l'Ukraine. La cité de l'est du pays est constamment bombardée depuis le début de l'invasion russe. Celle-ci a eu lieu trois jours auparavant, le 24 février 2022. L'enfant n'est pas malade, m'explique sa mère. Elle vomit de terreur. Les secousses des bombardements sont pourtant lointaines dans ce refuge de béton. Mais la petite fille les vit comme l'assurance d'une mort certaine. Elle n'a plus rien dans l'estomac. Elle régurgite son effroi comme d'autres prient le ciel de les épargner. Je regarde cette maman tentant de calmer son enfant. Je réalise combien ces heures de guerre hypothèquent l'avenir de cette fillette. Comment grandir après cette peur incommensurable qui a parcouru chaque cellule de son corps ? Pour beaucoup d'entre nous, c'est l'enfance qui décide. Je comprends que cette guerre sera sale et terrible.

Un homme m'interpelle. Il a échoué ici avec femme et enfants. Il veut que nous l'écoutions. Ses deux fillettes entonnent avec leur mère l'hymne national ukrainien. Elles le connaissent par cœur. Ces paroles, dans ce parking au milieu de ce désastre, sont le premier moment où je comprends que les Ukrainiens ne renonceront pas. La force de ces fillettes, leurs voix jeunes mais déterminées, me saisissent. Leur père souhaite que nous filmions pour que le reste du monde entende ces mots de résistance. Une enfant terrorisée vomit, mais d'autres chantent. C'est un hymne que je vais entendre de nombreuses fois au fil de mes missions en Ukraine. Mais celui-ci fut en quelque sorte le plus fondateur pour moi, le plus juste, le plus émouvant. J'eus le temps de me demander si mes enfants connaissaient toutes les paroles de l'hymne national français.

La plupart des clients de l'hôtel où nous sommes dorment dans ce parking. Des civils qui ne séjournent pas dans l'établissement sont là eux aussi. La responsable du lieu a fini par accepter tous ceux qui cherchaient un abri. Chaque famille s'est aménagé un petit espace. Des matelas de fortune ont été récupérés dans les sous-sols de l'hôtel. Certains n'ont que des chaises en plastique. Au moins deux cents civils sont présents, frigorifiés en ce mois de février. Il gèle à pierre fendre. Ils ont encore leur voiture pour la plupart. Ils cherchaient à fuir, mais les bombardements intensifs les ont obligés à trouver un abri. Après deux jours de tâtonnements, le café et le thé chauds servis par la patronne de l'hôtel réchauffent les corps et les cœurs. Nous faisons nous aussi notre mini-campement près de notre voiture. Nous montons nos reportages dans notre véhicule. Plus tard, après les premières semaines de ce conflit, nous cesserons de dormir dans ces abris improvisés. Nous serons habitués, à l'image des milliers de civils ukrainiens, aux alertes aériennes qui ne nous font plus bouger, ou si peu. Pour l'instant, plongés dans l'inconnu de ce début de guerre, nous nous estimons heureux d'avoir pu nous installer dans ce sous-sol.

Nous sommes arrivés avec mon équipe dix jours avant l'attaque de grande ampleur de l'Ukraine par Vladimir Poutine. Des milliers de soldats russes se massaient depuis des mois aux frontières du pays. Les signes d'une offensive étaient clairs, mais une invasion d'une telle envergure était imprévisible. Ce fameux 24 février 2022 à l'aube, Vladimir Poutine lance donc son offensive de grande envergure sur toute l'Ukraine.

Nous sommes trois personnes, envoyées par notre rédaction, comme souvent sur ce genre de mission. Le métier de journaliste de télévision n'est pas solitaire. Cette fois, le caméraman est un homme. Nous travaillons souvent ensemble. Je respecte son travail, sa constance et sa maîtrise. Ce qui n'empêche pas les désaccords. Nos différences sont nos forces. Mais les femmes sont aussi nombreuses derrière la caméra. Et j'aime tourner avec elles. Dans notre jargon, ces hommes et ces femmes sont des JRI. Ils ou elles tournent, filment les séquences, mais sont aussi et surtout de grands alliés titulaires d'une carte de presse.

Autre membre de l'équipe : le monteur. C'est l'homme indispensable qui maîtrise parfaitement la technique. Nous montons le sujet ensemble, il partage son regard, son talent, ses idées. Il porte aussi la grande responsabilité d'envoyer le reportage à Paris. Et cela peut être très stressant. Nos sujets parviennent à la rédaction quelques minutes avant leur diffusion. Sur cette mission, le monteur est un professionnel aguerri.

Mon rôle est un peu celui d'un chef d'orchestre. Écrire, bien sûr, mais aussi trouver les sujets, les histoires, les angles de reportage en réfléchissant avec les membres de l'équipe. Décider avec eux de la route à prendre. Renoncer avec eux quand c'est trop dangereux. Avancer avec eux quand nous sommes tous d'accord. Je suis aussi l'interlocutrice de la rédaction. Nous ne travaillons pas dans notre coin. J'échange de manière quotidienne avec mes chefs de service à Paris. La direction de l'information de France Télévisions a accepté de prendre la responsabilité de nous envoyer en zone de guerre. Nous l'informons de nos mouvements. Elle nous relaie les demandes des journaux de 13 heures, de 20 heures, de France 3 ou de France Info, notre chaîne d'information continue. Elle nous suggère aussi des idées de reportage. Elle a une vision plus globale du conflit quand nous, nous nous concentrons parfois sur un lieu ou un angle. Notre travail consiste toutefois à soumettre, tous les matins, une idée de reportage. La force d'une équipe réside dans sa capacité de proposition et de persuasion. Je suis toujours fière de voir à l'antenne un sujet que nous avons « vendu » nous-mêmes et que les éditions ont accepté. Pour cela le rôle du fixeur est essentiel. Dans notre profession, les fixeurs sont des locaux avec qui nous travaillons. Ils connaissent le pays et en maîtrisent la langue. En temps de guerre, ils sont le relais entre nous et les civils, entre nous et l'armée. Notre fixeur ukrainien, Dmytro Padalka, est une personne rare. Un magnifique patriote fier de son pays.

En ces premières heures de guerre en Ukraine mes enfants poursuivent leurs études. Enfin, c'est ce que je crois, car je ne suis pas là pour surveiller ! L'aîné est à l'université, le second au lycée. Les petites silhouettes de Washington se sont transformées en deux jeunes hommes beaucoup plus grands que moi. C'est heureux pour eux ! De retour à Paris, on me pose souvent la même question. Mes amis, certains confrères, certaines consœurs, les gens que je croise et à qui je raconte mon métier me demandent systématiquement si mes enfants, désormais adultes, ont peur pour moi. Ils finissent par installer le doute dans mon esprit. Je me rassure en leur demandant : « Vous êtes inquiets quand je pars en Ukraine ? »

Et, non, ils n'ont pas peur. Ils n'utilisent pas de grands mots pour m'expliquer cela. C'est juste qu'ils ne se posent jamais cette question. Ils ne me disent pas qu'ils ont confiance en moi ou quelque chose comme cela. Non, ils expliquent que c'est ainsi depuis toujours. Que je reviens toujours. C'est un non-sujet. Ils regardent de temps en temps mes reportages, mais ne pensent pas qu'il puisse m'arriver quelque chose. Même si les histoires que je raconte avec mes équipes montrent des civils ou des soldats sous les bombes. Même si nous sommes, par conséquent, nous-mêmes sous les attaques d'artillerie.

L'une de mes victoires a été de ne pas transmettre un quelconque stress à mes enfants quand je pars sur une zone de guerre. Avec le recul, je ne sais pas bien comment cela est possible. Peut-être est-ce lié au fait que je suis en permanence en lien avec eux ? Le téléphone en Ukraine, par exemple, fonctionne quasiment toujours. Si l'un de mes fils appelle, je réponds systématiquement. Ou presque. Mes deux garçons restent ma priorité même quand le ciel me tombe sur la tête. J'ai beaucoup de souvenirs de moi parlant football, dentiste, cuisine, devoirs, professeurs, vacances, amis, petites amies, sorties... affublée de mon gilet pare-balles et de mon casque. Des conversations banales de maman, alors que je suis parfois dans une situation tout à fait inconfortable.

C'est ce qui arrive ce jour de juin 2022, sur une route du Donbass. Nous venons d'essuyer un tir d'obus. Les positions russes sont à quelques mètres du pont sur lequel nous marchons avec mon équipe. Les soldats de Moscou ont repéré notre voiture, puis nos silhouettes avec nos gilets marqués du mot « press ». Ils nous ont visés sans doute intentionnellement, même si je n'ai pas le moyen de le prouver. C'est une explosion dont nous sentons le souffle. Le point d'impact est très proche. Quelques mètres à peine. Nous n'entendons plus rien pendant quelques secondes. Je pense que je suis devenue sourde, mais c'est un miracle que nous soyons en vie. La jeune femme talentueuse, la JRI avec qui je tourne sur cette mission, vit sa première mission de guerre. C'est son premier jour de tournage sur un conflit armé. Je me dis qu'elle va peut-être vouloir rentrer sur-le-champ en France. Nous courons vers notre voiture, puis nous roulons comme des fous grâce à notre chauffeur ukrainien, pied au plancher, la mort aux trousses, sur cette route du Donbass. Personne n'est blessé. En apparence, du moins. Pas d'éclats sur les corps. Nous nous regardons, interloqués de nous en sortir sans même une égratignure.

Mon téléphone sonne. Il est dans la poche de mon gilet pare-balles. Impossible de ne pas répondre, même si la voiture avance à toute allure sur cette route défoncée. C'est l'un de mes fils. Entre les soubresauts et la panique, je décroche. Cet appel vient du monde, si éloigné de nous, où la guerre est une abstraction. Il s'agit d'un problème de cuisson de riz. « Quelle est la meilleure méthode pour qu'il soit bon ? C'est-à-dire un peu collant, comme au restaurant, mais pas trop. » Et j'explique ma méthode. Je ne parle pas trop fort, j'ai peur que les membres de mon équipe ne me prennent pour une folle en s'exclamant : « Tu viens d'échapper à la mort, mais tu parles cuisine le plus calmement du monde ? »

Pourtant, je n'ai pas à me forcer. Je ne fais pas du tout semblant d'être bien. La voix de mon fils me ramène instantanément vers le bonheur tapi dans les infimes moments du quotidien. Je suis aussi calme que si j'étais dans le confort de ma maison. Jamais je ne lui dis ce qui vient de se passer. Je suis dans cette voiture, mais l'essentiel, dans l'immédiat, est en France, dans une casserole. Ce soir, le riz sera bon à la maison. De retour à l'hôtel, la jeune femme qui tourne les images est résolue à poursuivre la mission. Le monteur aussi. J'admire cette jeunesse courageuse et déterminée.

Une image d'archives. Elle date de 2005. La vidéo est floue, abîmée. Vladimir Poutine est à Moscou. Il dirige déjà la Russie et prononce lors d'un discours une phrase prémonitoire, qui aurait dû alerter le monde entier. Le maître du Kremlin explique que la dissolution de l'ex-URSS fut une erreur historique. Il faut reconnaître, dit-il, que la « chute de l'Union soviétique a été la plus grande catastrophe géopolitique du siècle dernier. Pour le peuple russe, cela a représenté un véritable drame ». Tout est en germe dans ces phrases. Mais l'Occident fait la sourde oreille, détourne le regard. Vladimir Poutine est nostalgique de la grande Russie au point de vouloir la reconstituer. Son obsession : récupérer les territoires perdus après la chute du mur de Berlin et la disparition du bloc soviétique. L'ex-jeune officier du KGB, pur produit de l'ex-URSS, a la certitude que les peuples slaves sont un seul et même peuple. Il veut les rassembler dans un même pays. L'invasion de l'Ukraine est l'une des étapes de ce rêve poutinien. Une folie meurtrière qui entraîne le monde aux portes d'une guerre mondiale.

Nous ne pensions pas revoir si près de nous, un siècle seulement après la Première Guerre mondiale, ces hommes embourbés dans des tranchées glaciales. Ces gueules cassées, ces jeunes soldats amputés, ces mères éplorées, ces veuves anéanties, ces milliers de tombes fraîches dans les cimetières, ces enfants terrorisés. C'est à cela que nous assistons en Ukraine. Sidérés, reportage après reportage. Douze missions depuis février 2022 et l'impression que le monde est pris d'un gigantesque hoquet fatal. La répétition de l'histoire, les guerres qui se succèdent et l'incapacité de l'humanité à apprendre de ses erreurs. Mais Svetlana refuse cette folie. Ou, plus exactement, elle va tout faire pour que sa petite fille ne voie rien, n'entende rien de cette absurdité meurtrière.

J'ai croisé Svetlana dans le métro de Kharkiv, belle jeune femme employée de banque avant la guerre. Je la regarde se faufiler dans les couloirs du métro, tenant fermement sa fillette par la main. Je pressens sa détermination. Où va-t-elle de ce pas assuré ? Je me présente, par l'intermédiaire de notre fixeur. Elle est calme, intelligente et refuse de se plaindre. Elle explique qu'elle a trouvé le meilleur endroit pour protéger sa fille. Elle accepte que nous la suivions avec mon équipe. C'est un stupéfiant voyage dans les profondeurs de la terre qui nous attend. Des milliers de civils vivent toujours dans les couloirs du métro en ce mois d'avril 2022 pour échapper aux frappes russes. Nous parlons avec des civils épuisés, allongés sur des paillasses improvisées, humiliés de devoir survivre dans ces conditions. Eux qui vivaient, comme vous et moi, dans de confortables maisons ou appartements.

Svetlana a décidé de descendre encore plus bas. Nous dévalons des dédales de couloirs étroits, d'escaliers et de coursives. Nous n'en finissons pas de descendre. Svetlana et Anastasia, huit ans, avancent comme si ces lieux leur appartenaient. Et c'est vrai, elles sont ici désormais comme chez elles. Nous arrivons dans un tunnel plongé dans la pénombre. Une rame de métro y est à l'arrêt, figée par la guerre. Svetlana emprunte l'escalier de la locomotive pour accéder aux wagons. Nous voici dans l'antre de la maman et de sa fillette. Ce wagon dans lequel voyageaient encore des citadins il y a trois mois est devenu leur refuge. Quelques mètres carrés de silence absolu volé aux Russes. Des couvertures, une théière, des casseroles et le chat d'Anastasia. Un silence sidérant. Le fracas des attaques aériennes n'arrive pas jusqu'ici. Et c'est la victoire de Svetlana : en deux mois de guerre, sa fille n'a jamais entendu un bombardement. Dès la première nuit de l'invasion russe, cette mère attentive s'est réfugiée dans les entrailles les plus profondes du métro. Tout faire pour que son enfant ne voie pas, n'entende pas, le tonnerre de missiles qui s'abat sur le quartier résidentiel de Kharkiv où elles vivent. Magnifique pied de nez au déluge de feu qui tombe sur Saltivka. J'écoute cette enfant de huit ans me dire calmement, son chat sur les genoux, qu'elle rêve chaque nuit que la guerre s'arrête et que l'Ukraine gagne. Svetlana vit désormais en Allemagne avec sa fille. Elle a dû se résoudre à quitter son pays. Nous nous parlons parfois par téléphone. Elle m'explique qu'elle rentrera à Kharkiv une fois la guerre finie et qu'elle m'invitera. Ce serait extraordinaire.

En attendant, les hommes, âgés de dix-huit à soixante ans, n'ont plus le droit de quitter le pays. C'est la loi martiale. Ils sont des milliers à se présenter spontanément pour s'enrôler et aller combattre. Nous filmons ces files d'attente sans fin d'hommes et de femmes déterminés à lutter, armes à la main, contre l'invasion. Aujourd'hui, alors que la guerre est dans sa troisième année, cet élan est largement retombé. L'armée ukrainienne est épuisée et manque d'effectifs. Une loi très impopulaire, votée en avril 2024, permet d'ailleurs l'élargissement de la mobilisation en abaissant de deux ans l'âge de la conscription. Les jeunes Ukrainiens sont désormais mobilisables à vingt-cinq ans et non plus vingt-sept.

Mais en ce mois de février 2022, le pays se transforme, sous nos yeux, en machine à survivre et à vaincre l'ennemi. Le président Volodymyr Zelenskyï pose la première pierre de cet édifice en ne quittant pas l'Ukraine. Son épouse reste, elle aussi, avec leurs enfants. Malgré la décision du président, en ce mois de février, des milliers de civils font le choix de fuir vers l'ouest du pays ou à l'étranger. Nous sommes témoins de cet ahurissant exode. Un flash d'images d'archives surgit dans ma tête, le départ de milliers de Français du nord de la France pendant la Seconde Guerre mondiale. D'interminables files d'attente de voitures tentant de rouler. Embouteillages monstres, vertigineux, allant de l'est à l'ouest de l'Ukraine. Les familles dormant plusieurs nuits successives dans leur voiture. Les valises sont empilées sur les toits. Les vieilles voitures de la marque soviétique Lada sont chargées et au bord du vacillement. L'épuisement, la peur, l'incertitude.

Dans le même temps des milliers d'autres prennent les armes. J'observe ces tout nouveaux soldats nous contrôlant à la sortie de Kharkiv cinq jours après le début de l'invasion russe. Les uniformes sont dépareillés et les équipements rudimentaires. Ils ont rejoint spontanément les checkpoints, ces points de passage permettant de circuler d'une zone à une autre. L'un est ingénieur agronome, l'autre ouvrier en bâtiment, le dernier professeur d'anglais dans un lycée. Certains sont armés de couteaux ! Quelques mètres plus loin, un chef d'entreprise venu avec son fusil de chasse.

Sur le bas-côté de la route, des centaines de cocktails Molotov artisanaux. Une bouteille, une mèche, de l'alcool. Ils seront jetés dans la tourelle des chars russes s'ils arrivent jusqu'à ce checkpoint. Cet arsenal de la débrouille a été assemblé en quelques heures dans tout le pays. J'aimerais voir où et comment ils ont été fabriqués. Quelques jours plus tard nous sommes dans une école. Le lieu doit rester secret. En moins d'une semaine, la directrice de cet établissement s'est transformée en cheffe de guerre. Une mue spectaculaire selon les professeurs et les volontaires venus prêter main-forte.

« Pensez-vous vraiment que nous allions nous laisser faire ? » me demande-t-elle. Elle a taylorisé la fabrique de ces engins tueurs. Une unité par salle de classe. La première équipe est chargée du découpage du tissu qui deviendra une mèche. La deuxième brigade verse l'alcool dans les bouteilles portant le sigle Coca-Cola, Orangina et que sais-je encore. La troisième place la mèche dans la bouteille. Tout cela dans une atmosphère industrieuse et concentrée. Beaucoup de femmes travaillent sans relâche. Chacune d'entre elles a le sentiment de tenir le destin de son pays entre ses mains. Elles n'ont aucun doute sur l'utilité et l'absolue nécessité de mener le combat. En ce début de guerre, ce reportage sera notre première illustration de cet art extraordinaire de la débrouille et de l'initiative qui ne cesse de nous impressionner dans ce pays. Le gouverneur de la région de Kharkiv demande d'ailleurs aux civils d'attaquer tout char russe visible et de lancer des cocktails Molotov depuis les fenêtres quand c'est possible. Les Russes sont en train de réussir une percée vers le centre de cette ville. L'heure est grave. Vingt-quatre heures plus tard, les hommes de la défense territoriale ukrainienne font reculer une colonne de blindés de Moscou. Nous assistons à cette première victoire. Toutefois, ce ne sont que les prémices de ce qui va devenir un affrontement total à l'artillerie mais aussi parfois au corps à corps. Un conflit très moderne avec les armes les plus sophistiquées et les plus coûteuses livrées par les Occidentaux. Mais un conflit qui vire parfois à la bataille d'obus dans des tranchées, exactement comme entre 1914 et 1918. Une guerre longue et éprouvante faite d'offensives et de contre-offensives.

Je n'imaginais pas un seul instant que je ferais autant d'allers-retours entre la France et l'Ukraine. Douze missions de trois à quatre semaines jusqu'à ce jour. Mes amis, mes sœurs, quelques téléspectateurs, se demandent pourquoi je ressens l'envie de repartir. J'avoue que la réponse n'est pas évidente. Parce que, contrairement à certains de mes confrères, je n'ai aucune forme d'« addiction » à la guerre. L'adrénaline ressentie sur le terrain dont on me parle si souvent me laisse toujours sans voix. Oui, je veux retourner en Ukraine. Il m'est inimaginable de renoncer. Je veux être présente pour la suite des événements et témoigner jusqu'à la fin de l'histoire. Assister aux négociations de paix qui se tiendront un jour dans je ne sais quel pays européen. Car cette guerre aura une fin. Et nous serons là, fiers de ne pas avoir renoncé. Nous, journalistes de France Télévisions, mais aussi des autres médias français qui ne désertent pas malgré une forme de lassitude qui s'est installée. Les Français se sentent aujourd'hui moins concernés par ce drame. L'immense élan de compassion des premiers jours a été englouti par l'implacable machine à passer à autre chose. Les attaques terroristes du 7 octobre 2023 en Israël, puis la réponse militaire de l'État hébreu sur l'enclave palestinienne de Gaza ont également mobilisé les rédactions et suscité l'intérêt de l'opinion.

La guerre en Ukraine est ainsi devenue une énième suite de cadavres. Au début d'un conflit, les cœurs sont émus, puis, au fil des mois, les esprits aimeraient ne plus voir l'horreur. Alors c'est à nous, journalistes, de trouver les histoires qui vont susciter la curiosité de notre public. C'est le défi de chaque jour. Je vois mes consœurs et confrères se faire des nœuds au cerveau le matin dans les hôtels du Donbass ou de Kiev pour trouver le bon angle. Leur persévérance m'impressionne. Je les observe et les écoute, ces femmes et ces hommes passionnés, qu'ils ou elles soient jeunes ou très expérimentés. Ils ou elles forment une étrange congrégation, un groupe hétéroclite constitué de gens bien nés ou moins bien nés, dont je fais partie. Les prétentieux ne sont pas légion. Ils sont même l'exception. Vous les auriez à dîner, vous ne penseriez pas que c'est une bande de m'as-tu-vu racontant leurs exploits sous les bombes. Même si, bien sûr, quelques spécimens de grands reporters hommes et femmes portent leur assurance en bandoulière au-dessus de leurs gilets à poche. Ce sont les rares fâcheux de comptoirs animés par l'impérieuse nécessité de faire les paons. Ils racontent avec lyrisme et boursouflure. Passons. Et revenons aux fondamentaux : pour moi il est impossible de rester dans le confort de ma vie privilégiée et d'oublier ce qui se passe en Ukraine.

Retourner sur place est une obligation et je suis fière de travailler pour une rédaction qui continue à envoyer des équipes. Ce ne sont pas de grands mots. Pour la première fois d'ailleurs dans ma longue carrière de reportage, le public me le rend bien. Ce conflit a changé l'image de notre métier. Nos téléspectateurs nous remercient pour ce que nous faisons.

Bien sûr, les critiques pleuvent aussi. Nous serions trop pro-ukrainiens, ou trop prorusses. La vigilance de notre public nous oblige. Mais quelque chose a changé dans le regard que porte le public sur les journalistes avec cette guerre aux portes de nos vies. La crédibilité est notre lutte quotidienne pour que ce regain d'estime s'installe durablement.

Andrei a vingt et un ans, presque l'âge de mon deuxième fils quand nous le filmons en août 2022. Avant la guerre, il conduisait un tracteur dans la ferme de ses parents dans le centre de l'Ukraine. Il était alors un jeune homme insouciant. Il n'imaginait pas une seconde qu'il serait un jour soldat. Andrei voulait cultiver le blé comme son père, comme son grand-père. Nourrir le monde comme le faisait son pays avant l'invasion russe. Il a fallu accepter de changer de vie au nom de la patrie. A-t-il choisi lui-même de s'engager dans l'armée ? Ou a-t-il été mobilisé ? Il ne répond pas. Nous le suivons. Il est affecté dans une unité de tankistes au nord de Kharkiv. Six mois après le début de l'offensive russe, cette partie du front s'est figée. Le jeune homme n'est plus sur son tracteur mais sur un vieux char de l'époque soviétique. Il est responsable du chargement des munitions. Il opère donc dans les entrailles de l'engin. Quelques mètres carrés étouffants, assourdissants et parfois terrifiants.

Devant notre caméra, il explique qu'il se demande s'il va mourir à chaque départ en mission. Il reçoit parfois deux ordres d'aller tirer par jour, parfois cinq. Parfois rien. Mais finalement, c'est quand même mieux quand il se passe quelque chose. Le temps s'écoule plus vite sur cette position dans les sous-bois où le bruit des explosions et le roulement des gros calibres au loin sont incessants. Il m'explique qu'avant chaque combat pour aller tirer des obus sur les positions ennemies il envoie un SMS à ses parents. Le réseau fonctionne parfaitement ici. Que leur écrit-il ? Qu'il les aime et que dès qu'il revient avec son char sous ces taillis à l'abri, il leur écrit de nouveau pour leur dire qu'il est toujours en vie. Je regarde sur son téléphone portable les dizaines d'échanges en ukrainien avec ses parents. Il est enfant unique. Et j'imagine l'enfer que vivent cette mère, ce père. Comment ne pas devenir fou dans cette attente ? Est-ce qu'il ne vaudrait pas mieux qu'il ne dise rien ? Le jeune homme me regarde, les sanglots au bord des mots. « Je veux qu'ils sachent, j'ai le sentiment que cela va me protéger », me dit-il. Je pense à mes enfants qui, pendant ce temps, continuent tranquillement leur chemin. Mon deuxième fils est parti étudier aux États-Unis. Il a obtenu une bourse parce qu'il joue au football et va intégrer l'équipe d'athlètes de l'université. Une chance inouïe. Il part à la découverte d'une culture, même s'il a déjà vécu enfant aux États-Unis. La vie devant soi. Tous les possibles. Et les échecs permis, eux aussi, car ils sont une chance. Mon jeune soldat ukrainien, lui, n'a pas droit à l'échec. Question de vie ou de mort. Je ne sais pas s'il est encore vivant.

Deux mois plus tard, je rencontre un père qui a trouvé la parade. Quand son fils a été mobilisé, il a demandé à être affecté dans le même bataillon. La hiérarchie militaire a accepté. Ils sont artilleurs et combattent sur un vieil obusier datant, lui aussi, de l'époque soviétique. Les équipements modernes promis par les Occidentaux ne sont pas encore arrivés. Ils dorment dans leur engin au milieu des munitions, tête-bêche pour gagner un peu de place. Dans cette promiscuité voulue, dans ce refuge d'acier, ils ont scellé un pacte de vie. Ils se sont promis de ne pas mourir dans ce trou à rats qu'est devenue leur position. En partant, six mois auparavant, le père a juré à son épouse de revenir avec son fils vivant. Comment peut-il en être certain ? Je garde la question pour moi. Selon le général de l'armée américaine Mark A. Milley, cent mille soldats auraient été blessés ou tués de chaque côté du front. Cette évaluation, imprécise, date de novembre 2022. Il n'existe pas de chiffres officiels. Le véritable bilan des victimes est un secret bien gardé à Kiev comme à Moscou. Je demande si je peux rencontrer la mère, l'épouse. Elle vit loin du front, à Lviv, à l'ouest du pays. Ils proposent de l'appeler. Nous sommes stupéfaits de voir apparaître le visage de cette femme et de sa fille têtes serrées l'une contre l'autre sur l'écran du téléphone.

Sur ce front du Donbass, une famille est rassemblée le temps d'un petit miracle. Le frère, la sœur, le père, la mère. Les deux femmes essaient vainement de ne pas pleurer. Elles disent que, si elles pleurent trop, leurs deux hommes ne rappelleront pas. Alors elles parlent de tout et de rien et surtout pas de l'essentiel. Elles demandent s'ils mangent bien mais ne posent aucune question sur le lieu où ils se trouvent. Il doit rester secret. Rien non plus sur le danger de mort quotidien. Et les pleurs des deux femmes au téléphone reprennent. Comme une vague de terreur. Les sanglots s'entendent dans tout le bataillon. Les hommes, assis sur des troncs d'arbres, tapis dans les sous-bois pour échapper aux drones russes, écoutent la complainte des femmes qui craignent pour leurs hommes. Le père baisse le son sur le téléphone, mais c'est trop tard. Une chape de nostalgie engloutit les cœurs. La maison, le jardin, l'appartement, la vie d'avant : tous voudraient revenir en arrière, le temps d'un soupir. Le temps de reprendre des forces pour tenir. Je suis comme eux. Ma maison, les miens. Je voudrais être chez moi. Mais je suis tellement moins à plaindre. Je vais finir par rentrer, je ne suis que de passage. Mon pays n'est pas en guerre. Mes enfants sont à l'abri. Interdiction de chouiner.

Surtout face à ce jeune garçon de vingt ans, amputé des deux jambes au-dessus du genou. Il apprend à marcher avec des prothèses à l'Institut de réhabilitation de Kiev. Son bataillon a été victime d'une frappe de missile russe en mars 2022, près d'Odessa, dans le sud du pays. Ses jambes ont été déchiquetées. Il vit désormais avec le souvenir terrible de dizaines d'hommes tués ou grièvement blessés autour de lui. Il m'explique qu'il voulait mourir quand il a compris, après son opération, qu'il avait été amputé. Il lui est impossible d'exprimer ce qu'il ressent. Enfin, ajoute-t-il : « Ce sont surtout mes jambes que je ne sens plus ! » La plupart de ses phrases sont inachevées. Ses silences sont faits de détresse, d'envie de disparaître de cet endroit maudit où des membres en plastique sont censés vous faire tenir debout. Il trébuche plusieurs fois avec ses prothèses. Le physiothérapeute le rattrape. Il semble se moquer de tout ça, n'y voir aucun intérêt. Il ne sourit jamais. Se fiche de qui nous sommes. Ne pose aucune question. Il est aux abonnés absents. Je me dis qu'il est profondément malheureux. J'en ai le cœur retourné. Vingt ans !

Un autre soldat, lui aussi doublement amputé, apparaît. Visage tout aussi juvénile. Sourire immense. Alors un miracle se produit : notre jeune garçon revient à la vie. Les deux jeunes hommes se toisent gentiment. Ils comparent la façon dont ils marchent. Se regardent dans un miroir en pied en pouffant. Parlent des filles qu'ils vont assurément séduire avec leurs allures de Robocop. L'amour demeure possible dans cette Ukraine où les soldats blessés sont des héros. Ils n'auront pas à faire de demande en mariage. Ils en recevront à ne plus savoir qu'en faire. Et c'est la même chose pour les femmes soldats blessées sur le champ de bataille. Elles auront l'embarras du choix en matière de prétendants. Jambes perdues à jamais mais cœurs prisés, ce n'est pas rien.

C'est exactement ce que me raconte franchement un troisième jeune soldat. Il combattait à Azovstal, cette usine de Marioupol assiégée par les Russes. Son bataillon est décimé lors d'une frappe ennemie. Grièvement blessé, il se réveille et se rend compte qu'il est prisonnier des Russes. Ils l'ont opéré. Sa jambe blessée a été amputée au-dessus de la cuisse. Mais il comprend sur-le-champ que ses parties génitales ne sont pas touchées. Alors il m'explique qu'il a pensé que tout n'était pas perdu. Il veut vivre pour faire l'amour puisque c'est encore possible. Il n'est pas maltraité par les Russes. Il revient en Ukraine deux mois plus tard lors d'un échange de prisonniers. Dans ce centre de réhabilitation de Kiev, je regarde cette jeunesse qui a encore un bel avenir devant elle. Ces hommes raconteront à leurs progénitures les réalités d'une guerre moderne qui sectionnait les membres à coups de mines, d'éclats d'obus ou de missiles, valant souvent plus de 3 millions d'euros l'unité.

Égarée au milieu de ces soldats, une civile, Natalia, âgée de cinquante ans. Elle est soutenue par son mari. Il l'aide à apprivoiser sa prothèse. Un obus s'est abattu dans leur jardin au nord de la ville d'Izioum. Elle était dans la maison avec son époux. Elle est sortie à la seconde précise où il ne fallait surtout pas être dehors. C'est la cruauté de cette guerre qui tue et mutile au hasard. Les éclats ont déchiqueté l'une de ses jambes. Son mari est sorti quelques secondes plus tard. Il raconte comment il improvise un garrot, avec du tissu, sur la cuisse de son épouse au milieu du jardin. Il n'a jamais fait cela de sa vie, il est fonctionnaire dans une mairie. Les obus continuent de pleuvoir lorsqu'il lui porte secours. Il traîne Natalia vers leur voiture. Le sang, les cris de sa femme, son visage de cire blanche, sa douleur à hurler, à vouloir mourir ici et maintenant. Elle est allongée sur les deux sièges arrière du véhicule. Il n'a pas réussi à l'installer devant. Comment la porter ? Que faire avec le pied resté sur le sol ? Il le met dans un sac. Il se revoit faire ce geste d'épouvante. Il raconte qu'il se transforme alors en homme de décision, lui qui est si souvent hésitant.

Ils roulent vers l'hôpital le plus proche, celui de Kramatorsk, sous un ciel de feu. Il veut bien mourir puisque c'est pour sauver sa femme. Personne sur la route. Deux égarés au milieu de l'enfer. Il ne cesse de parler à son épouse. Il ne sait pas bien si elle entend.

« Mon Dieu, faites qu'elle vive. » Il promet tout à ce dieu à qui il remet son destin. « Je serai différent, je serai... je ferai... » Il conduit et réussit à transformer la seconde fatale où sa femme est sortie dans le jardin en victoire sur l'ennemi. Lorsqu'ils arrivent à l'hôpital, une heure trente plus tard, elle n'est pas morte. Elle sera opérée et amputée.

Au début, elle déclare qu'elle veut mourir. Elle lui en veut de l'avoir sauvée. Elle ne se supporte pas. Elle maudit la terre entière. Puis elle rencontre ces jeunes militaires de vingt ans amputés des deux jambes dans ce centre de réhabilitation qui soigne aussi les civils. Elle se sent minuscule, ingrate, chochotte. Elle change d'avis en quelques jours. Elle veut vivre et regarde son mari avec tant d'amour que cela me bouleverse. Ces deux-là s'aiment en faisant fi du temps qui passe. La passion de la jeunesse remplacée par l'amour véritable. Ils sont beaux de rides et de léger embonpoint. Ils ont terrassé le terrible jeu du hasard qui avait choisi de les séparer. Je voulais retourner avec eux dans leur village pris par les Russes puis libéré. Découvrir ce jardin à leur côté. Ils ont finalement fait le choix de quitter l'Ukraine sans jamais remettre les pieds dans leur village. Je les comprends.

Katarina ne quittera jamais sa maison. Elle n'a pas fui quand les Russes ont envahi Izioum. Puis, quatre mois plus tard, elle les a regardés, avec satisfaction, quitter les lieux. Les soldats ukrainiens reprenaient la ville. Elle les a vus détaler, « comme des lapins », de sa fenêtre qui donne sur la route. Elle a eu peur de se tromper. Puis elle a compris. La ville était bel et bien libérée. Elle est allée embrasser les pieds des soldats de son pays. Ils ont relevé la vieille dame si frêle, mais aussi si solide. Katarina l'exceptionnelle, la Juste d'Izioum.

Ce mot «Juste» a tout de suite été une évidence, à mes yeux, pour décrire cette femme hors norme et d'apparence si banale. Les Justes parmi les Nations, un titre décerné à ceux qui ont permis de sauver des Juifs pendant la Seconde Guerre mondiale. Katarina est de cette trempe de femme qui ne passe pas son chemin quand elle voit un homme en grande détresse. Le 3 mars 2022, elle sort dans son jardin comme à l'accoutumée. Elle contourne sa petite maison, son poulailler, le champ qui jouxte son habitation. Elle se presse. Depuis que les Russes sont là, elle quitte le moins possible l'antre de son foyer. Il faut se faire minuscule, transparente, et ne surtout pas attirer leur attention. De temps en temps, les occupants russes viennent lui dérober une poule. Ils tuent l'animal sur-le-champ en lui explosant la tête sur le mur de sa maison. Katarina est agricultrice à la retraite. Tuer des poules pour les manger ou les vendre, c'est son quotidien. Mais face à cette violence-là, elle ne peut s'empêcher de penser que, bientôt, ce sera son propre crâne qui s'écrasera sur le béton. Un militaire russe ivre, affamé ou en colère, passera ses nerfs sur la vieille dame. Elle y pense souvent dans la solitude de sa vie de veuve. Elle les voit de sa fenêtre. Ne dit rien. Elle se terre. Comme d'autres habitants ayant fait le choix de rester, elle a pris des instincts de caverne. Elle se blottit dans les recoins de sa maison, le souffle court et le cœur en tumulte.

En ce jour de mars 2022, elle doit sortir pour nourrir les chèvres. Elle se tasse, se courbe le plus possible, comme nous avons tous appris à le faire en Ukraine. Échapper aux éclats d'obus, aux drones, aux missiles, aux mines à fragmentation, à un tir à l'arme automatique. Elle aperçoit un corps inerte dans les herbes. Un ennemi russe ? Un soldat ukrainien ? Comment savoir ? Katarina progresse à tout petits pas. Sa robe de paysanne frôle les herbes hautes. Son cœur s'affole. Elle aperçoit le visage tuméfié de l'homme, le sang séché sur ses vêtements. Il prononce deux mots en ukrainien : « Aidez-moi. » Deux petits mots et une certitude, il n'est pas russe. Elle ne pense plus, ne réfléchit plus. Elle agit par instinct. Katarina aide l'homme à se relever. Il s'appuie sur la vieille dame. Ils trébuchent, tombent plusieurs fois tous les deux. Se relèvent. C'est un parcours de moins de cent mètres. Il faut les imaginer, au cœur d'Izioum occupée où tout le monde est suspect, ces deux silhouettes recroquevillées sur elles-mêmes pour ne pas être vues, progressant doucement sous un ciel d'hiver étrangement clément. Voûtées d'effroi et de souffrance. Car Mikaelo n'est plus qu'un paquet de douleurs. Une poupée de chiffon version homme. Démantibulé, désarticulé par les coups.

Mikaelo était sur une liste de personnes recherchées par les Russes. Il avait, avant l'invasion, participé à des réunions pour coordonner la lutte si les Russes attaquaient. Quand ils l'ont arrêté, ils ont exigé les noms des autres. Il me raconte les dix jours de torture dans une école partiellement détruite où nous retournons ensemble. Et toujours, dans mon esprit, cette question qui revient continûment : Comment les hommes se transforment-ils en bourreaux et y prennent-ils du plaisir ? Je l'écoute. Nous l'écoutons car c'est un témoignage qu'il faut filmer et enregistrer pour l'Histoire avec un grand H. Il a le regard et les mots des hommes qui ont imploré de mourir et reclamé leur mère. J'ai la nausée. Je vais devenir misanthrope. Il raconte les dix jours de torture. Le son des pas de ses bourreaux quand ils revenaient. Les matraques d'acier et le reste qu'il sous-entend. L'humiliation suprême. Ses yeux qui ne voyaient plus rien, disparus dans les boursouflures de ses paupières. Sa surdité partielle après les coups répétés sur les oreilles, les tempes. L'impression d'entendre tout de si loin, d'un autre monde chaque fois que les coups reprenaient. La petite table d'écolier qu'il reconnaît. C'était là, nous dit-il. A-t-il donné des noms ? Il pense que non, mais n'est plus certain de rien. Il pense qu'il était souvent inconscient, laissé pour mort. Tout est flou et tellement présent à la fois. Il se souvient, en revanche, d'entendre l'ordre donné à un soldat russe. Mikaelo, comme beaucoup d'Ukrainiens, comprend le russe. « Tu le dégages, tu l'emmènes dans le champ et tu l'achèves de deux balles dans la tête. » Mikaelo est soulagé, c'est fini, il va mourir. Enfin. Sa supplique est exaucée. Il prie, pense à son épouse, se dit qu'elle est vivante et que c'est une bénédiction. Il sent qu'on le traîne par les pieds. Combien de temps ? Il ne sait pas. Il ne voit rien, mais il y a la fraîcheur de l'herbe sur sa peau. Une caresse de rosée. Il dit adieu à l'existence avec volupté. C'est fini. Il entend les deux coups de feu.

Le soldat russe crie : « C'est fait, il est mort. Deux balles en pleine tête. » Il pensait qu'en mourant tout serait glacé ou brûlant, ténébreux ou lumineux. Mais rien. La rosée douce et fraîche. La même. Et le soldat qui murmure : « Tire-toi, rampes, disparais. » Mikaelo a besoin de quelques secondes pour comprendre : le soldat russe désobéit à l'ordre de tuer. Il épargne l'Ukrainien. Mikaelo pense qu'il ne réussira jamais à bouger. Pourtant il rampe, avance doucement. Tout son corps blessé n'est que douleur, sa gorge est comme ensablée, mais il s'éloigne de l'horreur pour rencontrer… Katarina.

Ils marchent donc tous les deux, titubent. On dirait deux ivrognes. Katarina se dit qu'elle va finir par se blesser. Mais ses os de quatre-vingt-trois ans la portent vaillamment. Elle soutient cet homme de cinquante ans aux allures de pantin disloqué. Elle le fait descendre dans sa cave de 6 mètres carrés remplie de légumes qu'elle garde précieusement cachés, loin du regard des Russes. Elle tente de le faire boire, le déshabille. Elle comprend le calvaire enduré. Elle le soigne, l'aide à s'alimenter, le sauve. L'homme de cinquante ans revient de trop loin, il donne l'impression de ne plus appartenir à ce monde. Pourtant, au fil des jours, des semaines, il quitte le pays des diables sanglants pour s'installer dans la cave de l'ange Katarina.

Katarina le cache pendant les cinq mois que dure l'occupation russe au péril de sa vie. Si les soldats de Moscou avaient découvert Mikaelo, elle aurait été tuée aussitôt. De temps en temps, ils font irruption dans son jardin. Cherchent des victuailles ou des résistants. Elle tremble, ne sait plus à quel saint se vouer quand ils arrivent. Mais jamais elle ne flanche. La porte de la cave est à l'extérieur de la maison. Les Russes ne la voient pas. Étrangement. Katarina et Mikaelo sont comme une mère et son fils. Au plus fort des bombardements, elle descend dans la minuscule cave avec lui. À son tour, il la rassure. Il l'a sauvée de l'effroi. Il devient, lui aussi, un être humain debout et protecteur. Il a trop souffert pour être triste. Il ne peut plus se le permettre. Le jour où les Ukrainiens reprennent la ville, il contacte par téléphone son épouse réfugiée à l'ouest du pays. Elle pleurait tellement, me dit-il. Elle me croyait mort, broyé par les soldats russes. Il lui raconte Katarina, la vieille dame courageuse et déterminée, la Juste d'Izioum. Elle fut ma plus belle rencontre en Ukraine. Je remercie notre formidable fixeur, Dmytro, de nous avoir suggéré de raconter cette histoire exemplaire.

Chapitre 4

Le virus de l'information
Inde, 1994

Je dirais que tout commence vraiment en Inde en 1994. J'ai trente ans. Je n'ai pas encore d'enfants. Je travaille pour France 2 depuis trois ans. Pour la première fois, ma rédaction m'envoie, avec une équipe, couvrir un événement majeur à l'étranger. Il s'agit de réaliser des reportages sur l'épidémie de peste qui sévit dans la région de Surat, à 270 kilomètres au nord de Bombay, dans l'État du Gujarat. Bombay s'appelle désormais Mumbai. Une menace surgie d'un autre temps : celui du Moyen Âge où elle décima de 30 à 50 % de la population européenne de l'époque. Pendant des siècles, la peste est restée un spectre récurrent et terrifiant pour les humains. C'est avec cet imaginaire à l'esprit que je prends un avion pour Bombay, avec une formidable équipe. Je me souviens parfaitement bien de ce voyage fondateur, véritable parcours initiatique vers le grand reportage. Ce périple fut ma chance, même s'il s'agissait de décrire un drame hors du temps.

Nous réalisons quelques premiers reportages à Bombay avant de nous diriger en train, puis en voiture, en direction du foyer de la contagion, vers Surat. Nous sommes les seuls à circuler dans ce sens. Des milliers d'Indiens fuient, en voiture, à pied, à vélo, à dos d'âne, exactement dans l'autre direction. Entre quatre cent mille et six cent mille personnes ont pris le chemin de l'exode. Une foule sidérée que nous n'opérions pas un demi-tour. Ils nous conseillent de rebrousser chemin. Ils pensent que la mort nous emportera. Quatre cent soixante cas suspects de peste ont été répertoriés dans cette ville, dont cinquante et un mortels. C'est largement suffisant pour créer un vaste mouvement d'épouvante. L'Inde pensait avoir éradiqué la maladie depuis trente ans. La peste revient semer l'effroi. Les autorités ont déclaré l'état d'urgence sanitaire. Je suis en train de vivre un moment inouï, qui, aujourd'hui encore, trente ans après, est comme inscrit sur mes rétines : cette migration désordonnée et paniquée, et nous, avançant avec détermination dans le sens inverse.

L'un de nos reportages réalisés à Bombay, avant ce périple vers Surat, concerne les « tueurs de rats ». Oui, c'est le métier des hommes que nous suivons : tueurs de rats. Ils gagnent vingt et un francs par nuit. Cela équivaut à moins de 5 euros aujourd'hui en tenant compte de l'érosion monétaire et de l'inflation. Une misère et un emploi que seuls les plus démunis acceptent. Ils doivent rapporter, chaque jour de travail, au moins vingt-cinq rats. Les rongeurs sont à l'origine de l'épidémie. Ils véhiculent la maladie, puis elle est transmise aux hommes par les piqûres de puces de ces rats infestés. Il faut donc les chasser, les exterminer. Les hommes sont armés de longs bâtons de bois et de lampes torches. La méthode de chasse est rudimentaire. Ils ne travaillent que la nuit.

Nous partons vers une heure du matin avec cette équipe de tueurs pour pister et traquer les responsables de l'épidémie. Les chasseurs ne font aucun bruit, mais perçoivent celui des rats qui pullulent dans la ville. Les autorités estiment qu'il y a cinquante millions de rongeurs à Bombay. Je les aperçois. Ils rôdent, slaloment, courent dans la pénombre, autour des corps d'hommes, de femmes et d'enfants endormis sur le sol dans la rue. Nous sommes dans un quartier pauvre où beaucoup d'habitants dorment dehors. Le bidonville de Dharavi est l'un des plus grands et des plus denses d'Asie. À l'époque, environ six cent mille personnes y vivent entassées sur moins de deux kilomètres carrés. Au moment où nous tournons, tous les égouts sont à ciel ouvert. Les enfants font leurs besoins dans les rues. Les habitants vivent à côté des ordures. Cet amoncellement de déchets est une bénédiction pour la prolifération des rats.

Des chiens aboient de temps en temps. Les chasseurs avancent doucement dans les ruelles étroites. Nous les suivons à pas de loup avec le sentiment de vivre hors de ce siècle. Quand ils voient un rat, ils lui assènent un coup brutal avec une précision d'orfèvre. Le chasseur pourrait frapper malencontreusement le corps d'un être humain. Je crains pour les êtres de chair et d'os qui dorment paisiblement sur des nattes. Mais le traqueur a une incroyable dextérité. C'est toujours le rat qui est mortellement touché. Les chasseurs récupèrent les rongeurs morts avec leurs orteils qui font office de pinces. Ils travaillent pieds nus. Ils ont un geste presque majestueux pour déposer le rat tué dans le sac de toile qu'ils transportent. Puis, quand ils ont éliminé suffisamment de rongeurs, ils rentrent en toute hâte.

L'un de ces jeunes hommes est âgé de vingt-cinq ans. Il me dit qu'il effectuera ce travail pendant cinq ans. Il ajoute que c'est la seule solution pour espérer être embauché pour un emploi de jour à la mairie de Bombay. Il conclut : « C'est cet emploi de tueurs de rats ou mourir de faim. » Nous filmons les hommes déposant les sacs dans des hangars. Nous sommes face à des monceaux de rats morts. Une odeur à vous faire regretter d'être vivant et de devoir respirer se dégage. La plupart des rats sont incinérés, mais certains sont mis de côté et analysés par l'institut Haffkine de Bombay. C'est le plus ancien centre de recherche scientifique du pays. Ces scènes dépassent tout ce que j'aurais pu imaginer. Mais ce n'est pas un film. C'est la réalité.

Je prends conscience, à cet instant précis, que si le métier de grand reporter ressemble vraiment à cela, je vais vivre des moments ahurissants, insensés, hors norme. J'imagine les découvertes, les peurs, les sensations, les surprises, les émotions qui m'attendent. Je me vois dans des pays lointains. Je soupçonne des voyages tout aussi profonds en France. J'envisage les rencontres exceptionnelles : des anonymes et des puissants. Je suis comme une enfant, avec le monde entier pour horizon. Je travaille déjà depuis quelques années. Mais ce voyage est un déclic : il instille dans mes veines le virus du *grand reportage*. Quand je dis grand reportage, j'y mets la noblesse et l'histoire de notre métier. Le journaliste français le plus célèbre est sans doute Albert Londres. De 1904 jusqu'à sa mort en 1932, il parcourt le monde entier, mettant sa plume acérée au service de l'information. Il écrivait : « Une valise, on dirait que c'est la liberté qu'on a dans la main. » J'ai exactement cette sensation de liberté à chaque nouvelle mission. Et ce n'est pas une question de kilomètres. Le grand reportage se réalise parfois au coin de la rue, sur un rond-point avec les Gilets jaunes ou dans un Ehpad pendant la pandémie de Covid.

Lors de ce voyage en Inde, ce que je vois est tragique. À Surat, au nord-ouest du pays, dans les bidonvilles, certains malades meurent seuls, en quarantaine, parce que les autres les fuient. Nous enregistrons ces terribles témoignages de gens abandonnés de tous au crépuscule de leur vie. J'écoute la prière des habitants, autour d'un feu. Ils supplient les dieux de purifier l'atmosphère. Nous tournons dans un hôpital où sont rassemblés les cas les plus graves. Un lieu uniquement réservé aux pestiférés. Chaque malade porte une marque à l'encre noire sur les doigts. Les autorités n'ont trouvé que cette méthode pour bien distinguer les porteurs du virus. Les mains sont contrôlées à la sortie de l'établissement. Interdiction formelle de sortir si vous portez la marque d'infamie. Nous ne pouvons voir que les malades en fin de traitement : ceux qui seront sauvés. Les souffrants suivis suffisamment tôt survivent. L'administration précoce d'antibiotiques les guérit. Je me souviens de ces pilules de tétracycline, de couleur jaune et rouge, l'antibiotique miracle distribué gratuitement dans les rues de la ville. C'est ma première expérience du malheur à grande échelle. Même si le bilan, connu des années plus tard, est en définitive beaucoup moins lourd que ne le laissait supposer le mouvement de panique : moins d'une soixantaine de cas mortels.

Pendant cette mission, je n'ai jamais peur de tomber malade, d'être infectée par la peste. Les adultes ont moins de risques d'être contaminés s'ils sont en bonne santé. Nous portons parfois des masques. Nous sommes prudents et nous travaillons. Je suis bien loin d'imaginer qu'en 2020, vingt-six années plus tard, le monde entier porterait des masques pour se prémunir contre une autre épidémie. Cette peste est de type pulmonaire. Elle se transmet donc aussi par les gouttelettes de salive émises par le malade quand il tousse. Malgré ce risque, mon équipe et moi sommes confiants. Pendant ces deux semaines sur place, je n'ai pas contracté la peste, mais j'ai été contaminée à jamais par le virus de l'information, du reportage, des rencontres, du voyage, du danger aussi. Il se trouve que ma rédaction nous demande d'ailleurs de rester deux semaines supplémentaires en Inde pour réaliser un magazine pour l'émission *Envoyé spécial*. Nous attendions depuis longtemps, sans succès, un visa pour tourner ce long format. La peste a encouragé l'Inde à ouvrir ses portes pour montrer une certaine transparence. La « mission de news », comme nous disons dans notre métier, nous permet donc d'enchaîner sur ce reportage. Ce magazine particulièrement émouvant pour moi achève ma mutation en reporter de terrain, rétive à toute autre fonction dans le journalisme.

Ce documentaire raconte l'histoire de trois femmes. Quand nous réalisons leur portrait, elles sont âgées de quatre-vingt-deux, soixante-dix-huit et soixante-treize ans. Elles sont missionnaires, elles appartiennent à la congrégation des Sœurs salésiennes. Sœur Bernadette de l'Emmanuel, sœur Anne du Tabernacle, sœur Marie-Renée de la Visitation : leur nom de religieuses est déjà pour moi tout un mystère. Elles ont quitté la France pour l'Inde à une époque où devenir missionnaire était un sacerdoce absolu, sans aucun espoir de retour. Elles étaient alors âgées de vingt ans environ. Une « retraite de mort » avait été organisée, pour chacune d'elles, avant leur départ, au siège de leur congrégation à Paris. Stupéfiant intitulé de cérémonie pour signifier que ce départ représente une forme de mort aux yeux de leur famille qui ne les reverra jamais. « Pour l'amour de Dieu », elles s'étaient engagées à ne plus jamais revenir en France et avaient accepté et signé cette retraite de mort. Quand je les rencontre en Inde, les règles ont changé. Elles bénéficient désormais de deux mois de vacances tous les quatre ans et sont autorisées à rentrer dans leur pays de naissance. La crise des vocations a eu raison de la retraite de mort. Dans les années 1920, il y avait vingt-cinq mille missionnaires françaises dans le monde. Quand nous réalisons ce reportage, elles ne sont plus que quatre mille.

Me voici donc à Kumbakonam, petite ville de l'État du Tamil Nadu, dans le sud-est de l'Inde. Le voyage en voiture pour arriver jusque-là est, en soi, une aventure. Mes papilles ont la nostalgie du goût du thé extraordinairement sucré que nous buvions à chaque pause. Mes yeux voient encore, comme si c'était hier, le geste des hommes et des femmes qui nous servent ce *chai*, dans les échoppes, sur le bord de la route. Ils versent le délicieux breuvage d'un verre à l'autre plusieurs fois d'affilée afin d'aérer ce thé noir sucré, mélangé avec des épices et du lait bouillant. Il fait une chaleur de bête, mais le thé est à chaque arrêt un pur bonheur. Je n'ai jamais retrouvé cette sensation exquise de désaltération. Sans doute parce que ce goût est rattaché à ces lieux et à ces moments si particuliers vécus en Inde. C'est le goût de mon premier grand reportage. Il est unique, précieux, non reproductible.

Notre chauffeur interrompt sa course pour prier plusieurs fois par jour. Chaque temple est l'occasion de demander au dieu Ganesh de nous protéger. En chemin, je découvre des hôtels improbables avec mon équipe. Nous sommes tous sur la même longueur d'onde. Personne n'aurait l'idée insensée de se plaindre. Je prends conscience, pour la première fois, de l'immense privilège qui est désormais le mien : être payée pour voyager et raconter le monde. Trois jours de route nous sont nécessaires pour relier Bombay et Kumbakonam. Nous venons de la zone de peste, nous sommes donc interdits de vol. Ce n'est pas cela qui va nous arrêter. Petite visite médicale pour vérifier notre état de santé et départ pour rencontrer sœur Bernadette, appelée aussi « Trottinette ».

Lorsque je rencontre Trottinette pour la première fois, il est très tôt. Le jour se lève sur la léproserie dans laquelle elle vit. Elle est déjà debout. Nous avons roulé une bonne partie de la nuit pour arriver aux aurores. En dépit de ses quatre-vingt-deux ans, elle propose de nous faire visiter les lieux sur-le-champ. Elle trottine, comme son nom l'indique, devant nous. Petits pas légers et rapides malgré sa canne. Elle porte des sandales de cuir, une robe chasuble de nonne, et un voile recouvre ses cheveux et ses épaules. Elle est mince, petite et sourit en permanence. Elle semble minuscule. Elle vit avec ces lépreux depuis vingt-cinq ans. Elle connaît leurs noms, leur langue, leurs tourments. Elle nous raconte leurs indicibles souffrances.

Après la peste, place à la lèpre. Cette maladie existe, elle aussi, depuis la nuit des temps. Un fléau antique invalidant, stigmatisant et contagieux. C'est dans la misère et le manque d'hygiène que cette maladie se développe. Le traitement par antibiotiques permet de la soigner, mais quand elle n'est pas diagnostiquée à temps, la lèpre finit par s'attaquer, entre autres, aux nerfs. Les tendons des mains et des pieds se rétractent. Les membres des lépreux se recroquevillent. La maladie détruit aussi les yeux, le visage.

Nous ne filmons pas encore. Nous pensions d'abord rencontrer cette religieuse du bout du monde, échanger un peu et organiser nos tournages pour les jours à venir. Mais l'énergique Trottinette tient à nous montrer tous les pavillons dès notre arrivée. Celui des cas les plus lourds me sera fatal. Je ne cherche pas ici d'excuses. Nous sortons de quinze jours de couverture de la peste, et nous voici au cœur de la lèpre après un voyage assez rude de trois jours. Je pensais pouvoir dormir quelques heures avant de recommencer à travailler. Mais Trottinette a tant envie de partager son quotidien qu'il ne me viendrait pas à l'esprit de dire à cette femme âgée que j'ai besoin de repos.

La chaleur est suffocante, nous suivons Trottinette qui décrit, pour nous, les plaies indicibles des hommes et des femmes du pavillon des cas les plus durs. Elle adresse un mot à chacun et à chacune des malades. Elle les connaît tous et toutes. Elle leur rend visite tous les jours. Ces lépreux sont souvent seuls, ils ont été abandonnés par leur famille. La maladie est encore considérée comme honteuse. C'est sa mission dans cette léproserie : réconforter avec des mots et soigner les plaies de l'âme. Elle conseille de s'approcher pour mieux se rendre compte du martyre physique que fait subir cette maladie. Je sais, à cet instant précis, qu'il est impératif que je sorte. Se sentir mal dans cet endroit n'est pas possible. Vomir encore moins. J'ai le cœur au bord des lèvres. Je vis un moment de grande solitude. Je trouve une excuse et me retrouve à l'extérieur. Je respire et me déteste. Et si je n'étais pas taillée pour tout cela ?

Le lendemain, après une vraie nuit de sommeil, nous sommes prêts à tourner. Trottinette ne se gonfle jamais d'importance. Elle raconte, devant notre caméra, son engagement avec une implacable simplicité. « Pour moi, dit-elle, c'est normal d'être ici, c'est ma joie. » Je la vois faire le signe de croix en même temps qu'un malade. Je lui demande si sa mission est aussi d'évangéliser. Comme au temps des colonies, quand les missionnaires chrétiens convertissaient à tout prix les populations locales. Il s'agissait parfois de négocier un baptême en échange d'un bœuf. Être une religieuse catholique dans un pays majoritairement hindou, ce n'est pas simple. Sa réponse protège l'intelligence : « Oui, dit-elle, j'aimerais que plus d'Indiens deviennent chrétiens, mais ce n'est pas mon but, je suis ici pour aider, je montre par l'exemple ce qu'est un vrai chrétien, le reste n'est pas important.» Trottinette est menue, mais puissante. Elle n'est pas grande, mais elle est planétaire.

Le reportage s'appelle «Les aventurières de Dieu», c'est un joli titre. Il nous conduit vers le deuxième personnage de cette histoire. Sœur Anne du Tabernacle est trésorière de l'école catholique de Tranquebar. Une ville portuaire située sur le golfe du Bengale. Tranquebar est un ancien comptoir danois commercial situé à trois heures de route de Pondichéry. Architecture coloniale et splendide bord de mer. Il est 5 heures du matin. Les élèves de l'école Sainte-Thérèse se réveillent. Elles dorment sur des nattes dans une grande salle. Elles ont entre dix et quinze ans. Toutes appartiennent aux castes les plus basses de la société indienne. Et ce sont des filles, dans un pays où les parents fondent tous leurs espoirs de promotion sociale sur leurs garçons. Dans le silence du petit matin, les fillettes et les adolescentes tressent leurs magnifiques cheveux noirs. Elles sont dehors pour accomplir ce rituel. Il ne fait pas encore chaud et il ne fait pas froid non plus. La brise légère venue de la mer soulève le drapeau national dans la cour de l'école. C'est beau et serein à vous couper le souffle.

Sœur Anne est une femme de tête. Elle raconte avec beaucoup de conviction qu'elle œuvre à faire de ces jeunes filles des femmes affranchies. L'école est gratuite pour elles. La congrégation et les autorités locales financent leur éducation. Elles sauront lire et écrire. Elles choisiront leur mari et leur vie. Elles ne seront plus des victimes dans ce pays où les filles sont considérées comme inférieures aux hommes. Sœur Anne est une féministe qui s'ignore. Nous l'accompagnons sur la plage pour réaliser une longue interview. Elle dit appartenir à un monde qui disparaît. Les vocations sont moins nombreuses. Les volontaires des associations humanitaires sont en train de remplacer les missionnaires dans le monde entier. « Ce n'est pas grave, dit-elle, l'essentiel est que les populations fragiles soient secourues. » Et c'est ainsi qu'elle se décrit : une femme portant secours aux jeunes filles indiennes pauvres promises à une vie de soumission et de misère. Comme Trottinette, elle ne cherche plus à évangéliser. Elle a soixante-dix-huit ans et une santé de fer. Elle est originaire d'un village situé près d'Angers. Nous la retrouverons d'ailleurs dans cette ville, plus tard en France, pour compléter notre reportage, à l'occasion des fameuses vacances auxquelles les sœurs salésiennes ont droit tous les quatre ans. Un dimanche matin, une immense et joyeuse tablée est dressée dans la salle des fêtes du village de Savennières. La famille de sœur Anne est réunie au complet pour fêter la présence, en France, de la religieuse. Elle est heureuse. Elle découvre les enfants nés ces quatre dernières années. Ceux qui sont venus au monde depuis son dernier retour en France. Elle déguste avec gourmandise les plats préparés en son honneur. Elle a un mot pour chacun et fait un discours de remerciement. Ses paroles sont sobres, sans emphase, elle n'a rien à prouver, elle dit simplement qu'elle se sent bénie de pouvoir être là. Je lui demande si ce sera difficile de repartir en Inde. Elle répond avec conviction que non. « Je m'octroie, dit-elle, ce petit plaisir de retrouver ma famille. Mais ils n'ont pas besoin de moi, ajoute-t-elle. En Inde, en revanche, je suis utile. »

Sœur Marie-Renée de la Visitation est infirmière à Thavittupalayam, dans l'État du Tamil Nadu. La première fois que nous la voyons, elle est assise dans une carriole tirée par un buffle. On ne peut pas imaginer une scène plus télégénique. Elle vient à notre rencontre dans le dispensaire où nous avons rendez-vous. « Cela ne vaut pas le TGV, me dit-elle, mais c'est bien pratique. » Elle travaille dans cet hôpital qui accueille toute personne malade même si elle n'a pas les moyens de régler les soins. Elle a soixante-treize ans. Elle nous fait rire avec ses petits sous-entendus. « Cet homme-là dit qu'il n'a pas d'argent, explique-t-elle, mais je sais très bien qu'il pourrait payer. » Elle soigne quand même. Elle ne pratique pas une charité étriquée. Elle accepte tous ceux qui se présentent. Les responsables le lui reprochent. Elle s'en moque bien. À un seul moment, je vois son visage s'assombrir. Je lui demande si elle ne regrette pas de ne pas avoir eu d'enfant. Elle répond que oui, c'est une souffrance, et ajoute « le sacrifice est fait ». Je rentre en France avec cette phrase singulière et inoubliable. J'ai en moi ce fort espoir de pouvoir un jour porter la vie. J'espère que ce bonheur me sera donné.

J'ai donc trouvé ma voie. Mais j'ai surtout aussi trouvé ma voix. Car c'est à ce moment que je décide de m'imposer… avec cette voix. Et que plus personne ne me prédira un avenir impossible à cause de mes satanées cordes vocales ! À l'école de journalisme, quelques professeurs me laissent gentiment entendre qu'avec ma voix l'audiovisuel n'est pas envisageable pour moi. Elle n'est pas assez grave. Elle serait trop haut perchée, trop aiguë, pas assez affirmée. Mon larynx aurait tous les défauts, en somme. Il n'est pas câblé pour la télévision. Il faut accepter la critique, ou plutôt faire avec. Ce n'est jamais facile quand il s'agit d'une caractéristique physique. C'est, pour moi, aussi violent que de dire à quelqu'un qu'il a une bouche ou un nez disgracieux : ce que personne ne se permet de faire. Ma voix, en revanche, est ouvertement commentée, disséquée devant tout le monde. J'écoute, j'opine du chef face à mes professeurs et aux autres élèves, mais je trace mon chemin. Et malgré ce handicap « difficilement surmontable », je choisis de ne pas me spécialiser en presse écrite, mais en télévision. Sans doute par défi. Ou par inconscience. Car je n'imagine pas alors que le chemin sera semé d'embûches.

Lors de mes débuts à France 2, au sortir de l'école de journalisme, une rédactrice en chef me dit que ma voix « n'est vraiment pas possible ». Elle me propose de ne pas la poser sur un reportage que j'ai réalisé, mais de laisser un autre journaliste le faire à ma place. Il s'agit d'un sujet relatif à un accident de bus meurtrier sur une autoroute. Ce n'est pas rare, en début de carrière, d'être critiqué sur sa voix. C'est même assez courant, et, finalement, assez normal. La spécialisation télévision dans les écoles de journalisme inclut d'ailleurs des cours de diction à l'antenne. Mais seule la pratique permet de vraiment trouver le ton juste. Dans mon cas, les reproches ne cessent pas. Chaque reportage est l'objet d'une remarque. Je me souviens des petites humiliations de ces premiers mois. J'ai même failli passer à côté de ma chance à France 2 à cause de ma voix. La rédactrice en chef pense alors qu'il ne faut pas m'embaucher.

Je m'accroche, je refuse de renoncer : c'est l'histoire de ma vie. Je choisis parfois de tourner ce handicap en dérision. Je me moque ouvertement de ce que j'appelle mon « super défaut ». J'en fais l'objet de mes propres railleries. Mais je vois en parallèle une orthophoniste plusieurs fois par semaine. Je ne peux pas changer ma voix, mais je peux l'améliorer, la poser. Au fil du temps et des reportages, les blâmes quant à mon timbre de voix deviennent moins nombreux. J'entre par effraction dans le paysage des intonations du journal télévisé. Je me crée une place malgré tout. Ma voix serait presque devenue aujourd'hui, trente ans plus tard, un atout, une marque de fabrique. Elle insupporte, bien sûr, encore certains téléspectateurs. Mais les réfractaires sont un peu plus rares. J'ai gagné ce combat qui était de taille. La bataille a commencé en Inde, lors de cette première mission extraordinaire. Je refuse alors que ce privilège du reportage soit compromis pour une histoire de cordes vocales. Je me promets de continuer, malgré mon « super défaut ».

Chapitre 5

Le pouvoir du chocolat
Kosovo, avril 1999

C'est une histoire difficile à écrire. Je couvre la guerre du Kosovo en avril 1999 avec un homme, un JRI hors norme. Il s'appelle Gilles Jacquier. Il meurt treize ans plus tard, le 11 janvier 2012, à Homs, en Syrie, alors qu'il est en reportage pour l'émission *Envoyé spécial*. Gilles, tué en couvrant la guerre dont « il avait horreur ». Gilles, tué par un obus de mortier tiré par les rebelles en lutte contre le régime du dictateur ? Ou Gilles, victime, avec son équipe, d'un guet-apens fomenté par le régime de Bachar al-Asad pour discréditer la rébellion ?

« Un coup monté et commandité » : c'est toujours aujourd'hui l'intime conviction de son épouse. Caroline Poiron l'écrit dans un livre qui est un bel hommage à son mari disparu : *Attentat express. Qui a tué Gilles Jacquier ?*[1]. Elle sait de quoi elle

1. Paris, Seuil, 2013.

parle. Elle était, elle aussi, sur les lieux de l'explosion le jour du drame. Elle était alors photographe indépendante. Terrible histoire que la sienne, racontée dans un ouvrage pudique et révolté. La tragédie d'une photographe, devant se battre à Homs pour que le corps de son mari décédé ne soit pas aussitôt confisqué par les services de Bachar al-Asad. Son récit raconte l'histoire de son magnifique époux pour que ses deux filles sachent, à jamais, qui il était. Pour que le garçon qu'elle a eu d'une précédente union se souvienne de ce beau-papa exceptionnel. La disparition brutale de Gilles, alors qu'il est marié et père de petites jumelles, est un choc inouï pour la rédaction de France Télévisions, pour les journalistes, l'ensemble du personnel, les rédacteurs et les rédactrices en chef, nos responsables. Car il n'était pas seulement un JRI exceptionnel, il était surtout un homme franc, complexe, intelligent et sensible.

Le jour de sa mort, je suis en tournage dans l'État du New Hampshire. Je suis alors correspondante permanente aux États-Unis. Mitt Romney vient de remporter la primaire du parti républicain. Le centriste de confession mormone affrontera Barack Obama lors de la présidentielle américaine prévue en novembre de cette même année. Je dois faire un direct pour le journal de 20 heures et expliquer les enjeux du duel à venir. Je viens d'apprendre la mort de Gilles. Un séisme dans mon esprit. Je me dis : « Pas lui. Pas cet homme doux, généreux et fier père de famille. » Je pense alors que je ne peux pas faire ce direct, que je n'y parviendrai pas. Je prends conscience que je pourrais confisquer l'antenne et parler de Gilles plutôt que de Mitt Romney. Cinquante secondes de direct pour rendre hommage à l'homme et au reporter exceptionnel avec qui j'ai, entre autres, couvert la guerre du Kosovo. Je ne commets pas cette erreur professionnelle.

Je me souviens de ma voix blanche à propos du scrutin américain. Je ressens encore le froid saisissant de cet État situé dans le nord-est des États-Unis. Je m'entends raconter le parcours de Mitt Romney, le multimillionnaire bon chic, bon genre et bon père de famille. Je parle à l'antenne et je pense à tout autre chose. Mon esprit est dissocié. Je récite machinalement le texte que j'ai préparé. Mais je suis ailleurs. Je le sens, et je suis terrorisée à l'idée de perdre pied en plein direct. Je vois Gilles, caméra à l'épaule et sourire conquérant. Je pense à son épouse, à ses filles. Je sais que notre métier tue. Mais ce sont toujours les autres. Tant que ce sont des hommes et des femmes que l'on ne connaît pas, il est possible de garder cette réalité à distance. Ce jour-là, je ne peux pas feindre d'ignorer la réalité. Je termine mon improbable intervention en apnée. Ce que je n'ai pas pu dire ce jour-là est ici dans ces quelques lignes sur le Kosovo.

Le Kosovo est un petit territoire de 10 887 kilomètres carrés peuplé d'un million huit cent mille habitants. C'est un peu moins que la superficie de la région Île-de-France. Une enclave coincée entre la Serbie, l'Albanie, la Macédoine du Nord et le Monténégro. 90 % de la population est albanaise et musulmane, 7 % des habitants sont serbes et chrétiens orthodoxes. Une terre considérée par ces deux communautés comme le berceau de leur civilisation. Aux yeux des Serbes, le Kosovo est leur Jérusalem. Il abrite le siège historique de l'Église orthodoxe serbe et certains de ses plus beaux monastères. Une vision de l'histoire à laquelle les Albanais opposent cette autre réalité : l'établissement millénaire des populations albanophones dans la région, avant les Serbes. Ces deux communautés vont se livrer une guerre sanglante. Une autre, après celle de Croatie en 1991, puis celle de Bosnie-Herzégovine entre 1992 et 1995.

La guerre du Kosovo débute en février 1998. Cette enclave fait alors partie de la Serbie, qui compose elle-même, avec le Monténégro, la République fédérale de Yougoslavie. À la tête de ce pays règne Slobodan Milošević. Celui que l'on appellera aussi « le nettoyeur des Balkans » est le grand ordonnateur de la purification ethnique au Kosovo. Les Albanais du Kosovo de confession musulmane aspirent à l'indépendance. Mais depuis son arrivée au pouvoir, Slobodan Milošević a considérablement réduit la relative autonomie dont ils jouissaient. Le leader serbe essaie de placer, à Pristina, capitale du Kosovo, un exécutif à sa solde. Tout cela contribue à nourrir le sentiment national kosovar. Slobodan Milošević soutient que le Kosovo appartient historiquement à la Serbie. Le leader défend l'intégrité territoriale de son pays. Les forces de son régime vont donc affronter l'UCK ou l'Armée de libération du Kosovo : une organisation de séparatistes albanais radicaux. C'est une guérilla indépendantiste dont les rangs ne cessent de grossir. Ils sont en ordre de bataille, financés et armés par l'Albanie voisine. Les deux camps s'affrontent armes à la main. Mais Slobodan Milošević ordonne tout, y compris les massacres de masse, pour que le Kosovo reste serbe. L'UCK se livre aussi à des exactions. En janvier 1999, les forces de Belgrade sont accusées d'avoir perpétré un massacre de masse dans le village kosovar de Račak. Cet épisode sanglant est contesté, mais il crée une onde de choc et émeut les opinions internationales.

Quelques jours plus tard, en février 1999, une conférence sur le Kosovo se tient dans le cadre pompeux du château de Rambouillet, en France. Les autorités yougoslaves et les représentants albanais du Kosovo sont présents. Mais les médiateurs des États-Unis, de la Russie et de l'Union européenne échouent à trouver un règlement politique entre les deux parties. L'OTAN, l'Organisation du traité de l'Atlantique Nord, décide alors unilatéralement de bombarder la Yougoslavie. Une intervention sans l'aval du Conseil de sécurité de l'ONU. L'alliance des pays d'Europe et d'Amérique du Nord aboutit donc à une guerre illégale au regard du droit international. L'OTAN cherche à mettre fin aux violences contre les civils et à permettre aux Albanais du Kosovo de rester sur leurs terres. Ce soutien aux Kosovars, et à leur rêve d'autodétermination, s'oppose à celui de l'intégrité territoriale du pays défendu par Slobodan Milošević. Ce dernier est soutenu par la Russie et la Chine. Une intervention de l'OTAN dont se souvient parfaitement Vladimir Poutine quand il décide, vingt-trois ans plus tard, d'envahir l'Ukraine. Puisque les Occidentaux ne respectent pas le droit international, pourquoi le ferait-il ? Une grande différence néanmoins : l'OTAN cherche à éviter une catastrophe humanitaire alors que des milliers de civils fuient le Kosovo. En Ukraine, le maître du Kremlin cherche à s'emparer d'un État souverain.

C'est dans ce contexte que nous arrivons avec Gilles au Monténégro. Dans ces années 1990, nous avons à nos côtés un monteur, mais aussi un preneur de son. Ce métier précieux va peu à peu disparaître des équipes de reportage de news à l'étranger. Il est trop cher de maintenir pendant de longues missions des équipes composées de quatre personnes (journaliste rédacteur, journaliste reporter d'images, preneur de son et monteur). Beaucoup d'excellents preneurs de son ont vécu douloureusement ces années de mutation. S'entendre dire que votre travail n'est plus vraiment indispensable est d'une grande violence. Certains ont changé de métier, d'autres l'exercent toujours avec talent, sur des missions d'actualité ou en magazine. Le preneur de son, sur cette mission au Kosovo, est remarquable de professionnalisme, de gentillesse et de disponibilité.

Nous avons aussi avec nous une fixeuse, Jovana. C'est l'une des meilleures avec qui j'ai travaillé. Elle connaît tout le monde ou presque à Podgorica, capitale du Monténégro. Elle nous ouvre toutes les portes, nous permet par exemple de réaliser une interview avec le président du Monténégro, Milo Djukanović, un leader anti-Milošević soutenu par l'Europe. Un démocrate menacé par un coup d'État ourdi par Slobodan Milošević. La politique d'ouverture à l'Europe et aux États-Unis de ce dirigeant déplaît au leader serbe. « Il cherche à mettre le Monténégro sous la coupe de son régime autocratique, nous dit-il. Il veut agenouiller le Monténégro dans la fédération yougoslave », ajoute-t-il. Un président résolu à défendre son pouvoir et son peuple. C'est toujours un moment exceptionnel de pouvoir rencontrer et interviewer un président en exercice, surtout en situation de guerre. Jovana n'est pas du tout dans le monde du journalisme, c'est plutôt une intellectuelle, un peu artiste à ses heures. Un rien mondaine, blondissime et portant en permanence tailleur et bijoux. Elle est la maîtresse d'un prince monténégrin. Notre preneur de son l'appelle gentiment la Castafiore. Elle comprend très vite ce dont nous avons besoin. En travaillant avec nous, elle a le sentiment d'œuvrer pour la cause des Albanais pourchassés en raison de leur appartenance ethnique. Elle est monténégrine, mais se sent solidaire. Souvent, les fixeurs et les fixeuses avec qui nous travaillons dans le monde ne sont pas des professionnels de la presse. Ils le deviennent parce que des circonstances exceptionnelles, la guerre par exemple, les y poussent.

Nous avons décidé collectivement avec le reste de l'équipe de passer clandestinement au Kosovo. Jovana ne nous décourage pas de partir seuls sans elle vers ce territoire aux abois. Elle pense que c'est trop dangereux pour elle. Elle a raison, car, si les choses tournent mal, nous, en tant que Français, serons un peu moins exposés. Notre fixeuse pourrait être accusée par les Serbes d'avoir pris fait et cause pour les Albanais du Kosovo. Les troupes de Belgrade sont aussi présentes au Monténégro, mais la situation y est un peu moins tendue. Jovana trouve un réseau de confiance qui a l'habitude de faire traverser les réfugiés albanais vers le Monténégro. Nous allons donc prendre le même chemin, mais dans le sens inverse. Une aventure humaine qui nous emmène vers nos limites. Nous ne le savons pas encore.

Nous partons vers les montagnes du Kosovo. Le premier contact de notre fixeuse nous fait monter sur un tracteur qu'il conduit lui-même. Visage balafré, silhouette de membre de je ne sais quelles forces spéciales. Je n'ai toujours pas compris qui il était vraiment. Nous voilà juchés sur un petit tracteur poussif avec notre matériel de tournage. Impossible d'emporter des vivres ou des vêtements, faute de place. Nous avons totalement confiance en lui quand il nous remet entre les mains d'un passeur. C'est ce deuxième homme que nous suivons désormais à pied vers le Kosovo. C'est un voyage et un reportage dont je n'ai oublié aucune image. Gilles est un surdoué du journalisme et de la caméra. Tout ce qu'il filme est puissant, et à bonne distance, surtout dans ces terribles circonstances. Le monde entier a les yeux rivés sur les milliers de réfugiés kosovars qui fuient les persécutions serbes. Des colonnes sans fin d'hommes, de femmes et d'enfants se dirigent vers les terres entourant le Kosovo : l'Albanie, la Macédoine et le Monténégro. France 2 a des équipes dans chacun de ces pays. Enfin, le Monténégro n'est pas encore un pays indépendant. Il ne le deviendra qu'en 2006.

Nous marchons dans un sens et des milliers de civils avancent dans l'autre direction. Nous sommes encore au Monténégro et les civils que nous croisons cheminent depuis plus de trois jours. Ils se sentent désormais en sûreté puisqu'ils ne sont plus au Kosovo. Mais leur épuisement et leur dénuement sont extrêmes. Ils ont abandonné tous leurs sacs sur le chemin. Trop lourds. Tout ce qu'ils avaient essayé de sauver a été peu à peu déposé sur la neige. L'essentiel est de progresser et de s'éloigner des Serbes. Un père de famille avance dans la colonne dont nous ne voyons pas la fin. Il tient un bébé dans ses bras. Il ne dit rien. Gilles se fraie un chemin avec sa caméra. L'homme ne dit pas un mot, mais il soulève la couverture qui protège le nourrisson du froid glacial. L'objectif se rapproche doucement avec fluidité. Un visage innocent apparaît. Toujours pas un seul mot prononcé. Le père replace doucement la couverture, il regarde rapidement vers la caméra et reprend fièrement sa route. Tout est dit en un seul plan. La tragédie de l'exil, la fragilité de l'existence, la détermination d'un peuple à surpasser le pire. Je n'ai pas encore d'enfants, mais j'assiste, admirative, au combat colossal, inextinguible de ces milliers de parents pour protéger les leurs. Aurions-nous ce courage si nous étions chassés de nos maisons ?

Nous sommes désormais en moyenne montagne. La neige l'emporte sur les chaussures. Les pieds ne sont plus au sec depuis longtemps. Les vêtements sont humides. Les ventres sont vides. L'eau transportée dans les bouteilles commence à manquer. Pourtant personne ne se plaint. Tout est ouaté, feutré : le silence, le paysage, les esprits. Un cri de bébé de temps en temps, une vieille dame qui pleure parfois, un homme qui encourage son épouse. Mais le plus souvent, nous n'entendons rien ou presque. Le crissement des pas lents et lourds dans la neige et le glissement des étranges traîneaux de fortune tirés par les hommes et les jeunes garçons. Les Kosovars abandonnent leurs biens, mais pas leurs proches. Les vieillards sont allongés sur des sacs de plastique et traînés sur la couche de flocons et de glace. Une vieille dame, couverte de robes superposées et de deux manteaux, demande une minute de répit. Elle s'assoit sur le côté pour laisser passer les autres. Elle porte un fichu doublé d'un bonnet sur la tête. « Je suis morte de fatigue, nous dit-elle, on ne peut même pas s'arrêter pour dormir un peu, j'ai traversé toute cette forêt, toute cette montagne, qu'avons-nous fait pour mériter cela ? » Elle est comme statufiée sur le tas de neige : l'immobilité de ceux qui ne sont plus maîtres de leur destin. Nous n'avons rien à offrir à ces civils affamés. Nos sacs à dos contiennent du matériel, des batteries, un téléphone satellite. Et une tablette de chocolat, dont j'ignore encore l'existence. Ils sont nombreux à raconter les exactions dont ils ont été témoins. Une femme dit avoir vu des policiers serbes abattre quatre hommes parce qu'ils ne pouvaient pas payer une sorte de droit de passage inventé pour la circonstance. Tout se monnaie pendant la guerre. Des affaires lucratives s'organisent sur le dos des déplacés. À chaque barrage, les familles qui souhaitent aller plus loin doivent rétribuer les passeurs.

Nous progressons, nous aussi. Nous sommes désormais au Kosovo. Nous découvrons que des centaines de familles, effrayées par le voyage vers le Monténégro, ont préféré s'arrêter en route et s'installer sous des tentes dans la montagne. Elles ont, elles aussi, fui les Serbes. Peu d'associations humanitaires sont présentes dans cette zone trop difficilement accessible. Les déplacés se sont organisés seuls. Nous filmons les femmes préparant les repas sous les bâches, le linge qui sèche difficilement et les enfants jouant au football. Nous avons faim. Une famille nous propose de partager son maigre repas. Nous refusons gentiment, nous disons que nous avons déjà mangé. C'est une constante absolue quand je couvre une guerre : la générosité de ceux qui n'ont presque rien. Au sommet de cette montagne, nous regardons avec les civils les villages au loin bombardés par les Serbes. Une femme me prend le bras et me dit que, là-bas, ce village qui brûle est le sien. Ses mains tremblent. Je perçois, à travers mon manteau, les frissons de terreur qui la submergent. Que puis-je lui dire pour soulager sa peine ? Je ne parle pas sa langue. Notre passeur n'est pas à côté de moi. Je la prends dans mes bras. Je me souviens de son corps puissant mais vacillant. Gilles réalise l'un de ces plans-séquences dont il a le secret. Il tourne autour d'un homme, caméra à l'épaule. Le paysan énumère le nom des bourgades en flammes en contrebas. Tout son quotidien disparaît sous ses yeux dans une épaisse fumée. Son regard vide, c'est un peu la fin du monde.

Nous devons pourtant essayer de nous approcher. À quoi bon être venus jusqu'ici si nous ne voyons pas cette guerre ? Les médias sont abreuvés d'images des frappes aériennes de l'OTAN sur des cibles serbes. L'OTAN veut obtenir la capitulation de Slobodan Milošević. Selon les Occidentaux, il porte l'entière responsabilité de la situation humanitaire catastrophique de la communauté albanophone et musulmane du Kosovo. Ces frappes vont durer soixante-dix-huit jours. Elles ne devaient concerner que des cibles militaires, elles vont aussi toucher des infrastructures civiles. Mais ce n'est pas cette partie de la guerre que nous verrons au Kosovo. Ce que nous filmons, ce sont les tirs des mortiers serbes qui détruisent les villages albanais. Nous devons courir pour éviter les snipers serbes embusqués dans les bosquets. Selon des témoignages recoupés, ils tirent sur les civils en fuite. Or, nous ne portons ni casque ni gilet pare-balles. Une situation impensable aujourd'hui, les consignes de sécurité ayant incroyablement évolué pour les reporters couvrant un conflit.

Nous faisons une halte dans le village de Jabllanicë. Il est encore tenu par la guérilla indépendantiste de l'UCK. Nous cherchons un endroit pour passer la nuit. Un père de famille étonné de nous voir ici nous propose de dormir dans l'une des pièces de sa maison. Nous espérons pouvoir rencontrer le commandant de l'UCK pour toute la région est du Kosovo. Cela nous permettrait d'évaluer l'état des forces en présence. Nous sommes dans le « brouillard de la guerre », cette incertitude sur l'avancement des combats que nous ressentons à chaque conflit. Nous attendons dans une chambre minuscule où une dizaine d'hommes fument sans discontinuer. Autour de la pièce vide, des matelas sont disposés le long des murs. Du thé et encore du thé. À 2 heures du matin, le fameux commandant n'est toujours pas là. Je m'endors. Demain est un autre jour.

Au petit matin, c'est la panique la plus totale. Je suis réveillée par notre hôte. Il hurle. Nous ne comprenons pas ce qui lui arrive. « Milošević ! Milošević ! » s'écrie-t-il à plusieurs reprises sans reprendre son souffle. Puis, en une fraction de seconde, nous saisissons la situation. Les troupes serbes avancent vers le village. D'ici à quelques heures, peut-être moins, nous serons encerclés comme les habitants. Il faut fuir, mais il faut aussi filmer. Et c'est là que le métier de JRI requiert calme, sang-froid et talent. Courir avec une caméra, mais tenter d'être stable. Filmer la famille qui s'entasse dans une charrette, tout en surveillant les alentours. Les hommes, les femmes tentent de prendre quelques objets en toute hâte. Ils ne le savent pas, mais ils devront tout laisser en chemin : le tracteur, la charrette, les sacs. Ils ignorent encore combien la marche vers le Monténégro se révélera une épreuve. À ce moment précis de précipitation et d'effroi, la capacité du JRI à continuer à tourner est fondamentale. C'est une qualité que Gilles possède, puissance XXL. Les fermiers relâchent tout leur précieux bétail. Un crève-cœur, mais les animaux ne doivent pas être piégés par les bombardements. Et il ne faut pas les laisser aux Serbes. Une vieille dame est en larmes. Elle explique qu'elle reste. Elle refuse de partir. Elle a peur de la forêt, de la montagne, du terrible chemin de l'exil. Nous quittons les lieux. Je vois encore cette femme nous faire un signe de la main. Elle reste seule. Tout le village s'en va, sauf elle. Dans la précipitation, je n'ai pas compris si elle avait encore de la famille quelque part. Quelle tristesse. Nous n'avons jamais su ce qui lui était arrivé quand les forces de Slobodan Milošević ont pris la bourgade.

Nous entamons notre voyage retour vers le Monténégro avec les habitants de Jabllanicë. Et nous comprenons pourquoi nous n'avons jamais vu, la veille, le commandant de l'UCK. Ils sont en déroute.

Les Serbes sont en train de prendre, un à un, tous les villages de l'ouest du Kosovo. Soudain, en contrebas, sur notre route, des hommes en armes. Ce sont de jeunes combattants de l'UCK. Une incroyable chance pour nous de les croiser par hasard. Souvent, dans cette profession, la chance est une « qualité ». Ils reconnaissent devant notre caméra qu'ils sont en train de perdre du terrain. Ils ont des uniformes dépareillés, n'ont plus de munitions, plus de vivres. « Je refuse de reconnaître que nous abandonnons définitivement ces terres, me dit l'un de ces hommes. Nous reculons pour protéger les civils, mais nous reviendrons », ajoute-t-il. Toutefois, ces combattants sont bel et bien en train de perdre tout l'ouest du Kosovo.

Sur le chemin, nous rechargeons les batteries de notre téléphone satellite grâce à un tracteur. Dans un campement, en pleine montagne, il permet à des civils de joindre leurs proches, de leur dire qu'ils sont en vie. Au fil des heures, le froid saisit les corps, les membres, les visages. Nous sommes épuisés, comme les centaines de civils que nous suivons. Nous sommes au milieu de cette colonne, et nous ne filmons plus. Il faut juste avancer vite, tenir, pour arriver à temps pour le journal de 20 heures du lendemain. Il faut atteindre le Monténégro avant la nuit. Ne surtout pas être contraints de dormir dehors dans la montagne, comme vont s'y résoudre les civils, nos compagnons d'infortune.

Nous avons besoin d'une journée de montage pour sélectionner les meilleurs plans, les meilleures séquences. Nous savons que nous avons un document exceptionnel. Ce n'est pas si fréquent. Ce serait terrible de gâcher ce travail faute de temps. Gilles, dans une autre vie, était skieur dans l'équipe de France junior. Un Haut-Savoyard, un montagnard qui a donc, toujours, dans son sac à dos, de quoi revigorer un corps affaibli. Il sort la miraculeuse tablette de chocolat noir dont j'ignorais l'existence. Il la partage entre nous quatre. Le passeur, notre preneur de son, lui et moi. Nous sommes assis sur la neige. Ce chocolat n'est pas que du chocolat. C'est une bouée de sauvetage. Son goût, sa texture, son arôme sont, au milieu de cette tragédie, un rappel de l'autre monde. Le monde sans guerre, sans enfants et vieillards dans le froid et la tourmente. Ce chocolat n'est pas très sucré, mais il l'est suffisamment pour nous donner le courage de reprendre la route. Je n'ai jamais oublié la saveur de ce moment extraordinaire. Je n'ai évidemment jamais mangé depuis un aussi bon chocolat.

Nous arrivons à temps pour notre montage. Ce reportage dure sept minutes dans le journal de 20 heures. C'est beaucoup, car le format habituel, pour ce genre de mission, est plutôt de trois à quatre minutes. Je me souviens de la fierté joyeuse de Gilles après l'envoi de notre sujet à Paris. Nous avons tous le sentiment d'avoir bien travaillé. Nous obtiendrons d'ailleurs une récompense, pour ce sujet, lors du prix Bayeux des correspondants de guerre. Gilles recevra, par la suite, bien d'autres prix.

Entre-temps, l'OTAN poursuit ses bombardements intensifs pour tenter de rendre les forces serbes inopérantes. Le rapport de force est complètement déséquilibré. La plus puissante alliance du monde face à un petit pays de dix millions d'habitants. Slobodan Milošević réussit pourtant, au début de l'intervention, à surprendre les Occidentaux par sa capacité de résistance, en utilisant de façon ingénieuse ses forces antiaériennes. Mais après soixante-dix-huit jours d'attaques aériennes, le leader serbe doit céder. Il signe les accords de Kumanovo le 10 juin 1999, et s'engage à retirer ses troupes du Kosovo. Les Serbes du Kosovo sont à leur tour persécutés, chassés, des églises orthodoxes sont brûlées. Le bilan de cette guerre est de 13 500 personnes tuées ou disparues. 1,2 à 1,4 million d'Albanais ont fui pendant ce conflit. Aujourd'hui, l'indépendance du Kosovo est reconnue par une centaine d'États. En raison du veto de la Chine, de la Russie et de plusieurs pays européens, le Kosovo n'est pas reconnu par les Nations unies. Les deux capitales, Belgrade et Pristina, se regardent toujours en chiens de faïence. Les populations serbes du nord du Kosovo refusent d'utiliser l'euro et préfèrent le dinar serbe. Les tensions communautaires dans la ville de Mitrovicë, par exemple, menacent, en permanence, de dégénérer. Le Kosovo est aujourd'hui économiquement exsangue et gangrené par la corruption.

Le 24 septembre 2000, Slobodan Milošević perd l'élection présidentielle. Il est arrêté en avril 2001 et est inculpé pour crimes de guerre, crimes contre l'humanité et génocide par le Tribunal pénal international pour l'ex-Yougoslavie (TPIY). Soixante-six chefs d'accusation concernant une décennie de guerre dans les Balkans. Je couvre les premiers jours de ce procès historique à La Haye, aux Pays-Bas. Ce moment est pour moi particulièrement marquant car je sais assez bien de quoi il retourne. J'ai vu, j'ai été témoin de ce nettoyage ethnique érigé en doctrine d'État. Je vis ce procès comme une suite de notre travail de reportage dans les Balkans. Je suis émue d'être présente ce 12 février 2002. J'assiste à une étape importante de l'histoire de la justice internationale. Je suis littéralement suspendue aux phrases incisives de la procureure comme à celles de l'accusé. Carla Del Ponte est suisse et parle parfaitement bien le français. En ce premier jour d'audience, la magistrate dénonce « la sauvagerie presque digne du Moyen Âge » que Slobodan Milošević a ordonnée au Kosovo. Les crimes et les chefs d'accusation concernent aussi la Bosnie et la Croatie. Le prévenu regarde ailleurs ostensiblement. Il refuse de croiser le regard de cette magistrate. J'observe pendant des heures cet homme défiant, sûr de lui, méprisant et hautain. Comment peut-il garder cette superbe ? Je cherche ses ressorts. Le goût du pouvoir jusqu'au bout, même dans cette salle d'audience où tout l'accuse ? Le lendemain, Slobodan Milošević ne se défend pas, il attaque. Il montre du doigt la procureure et s'emporte. Il ne reconnaît pas la légitimité de ce tribunal qu'il dit à la solde de l'OTAN. Il reproche au TPIY de n'avoir pas enquêté sur les dommages collatéraux après les bombardements de l'OTAN. Il dénonce le « deux poids, deux mesures » du tribunal. Slobodan Milošević parle d'un complot ourdi contre lui et les Serbes.

Le tribunal diffuse des images du massacre de Srebrenica. Des corps enchevêtrés, les mains liées dans le dos. La botte d'un paramilitaire serbe qui violente la tête d'un cadavre. À partir du 11 juillet 1995, et pendant plusieurs jours, 8 372 hommes et garçons musulmans bosniaques sont tués ou décapités avant d'être enterrés dans des charniers. Slobodan Milošević nie l'implication des Serbes. Ce crime est qualifié de génocide par le TPIY. Le procès débute en février 2002, et en mars 2006 il n'est pas encore terminé. Il a fallu deux ans pour la simple présentation des faits, deux cent quatre-vingt-quinze témoins ont été entendus. Le 11 mars 2006 le leader serbe est retrouvé sans vie dans sa cellule. Il souffrait de troubles cardiovasculaires. Il avait d'ailleurs demandé, en vain, pendant le procès, à être soigné en Russie. Il voulait en fait rejoindre son épouse qui coulait des jours heureux dans une *datcha*, une villégiature dans la campagne de Moscou. Elle s'était exilée en Russie. Elle y est morte en 2019. Les juges avaient refusé de laisser partir Slobodan Milošević. Ils étaient convaincus que le prévenu ne reviendrait jamais. Des médecins experts avaient ausculté le leader et avaient constaté une tension artérielle correcte. Selon certaines sources, Slobodan Milošević absorbait discrètement un médicament qui détériorait sa santé.

Une information qui n'a jamais été prouvée. Seule certitude : il voulait échapper à la justice. Il réussit, puisque sa mort met fin au procès. Le boucher des Balkans ne sera donc jamais formellement condamné par le TPIY.

CHAPITRE 6
Vivre avec le terrorisme
2001-2003

Ce 11 septembre 2001, nous sommes sur une autoroute. Nous roulons en famille avec notre bébé de moins de trois semaines vers la Drôme provençale pour quelques jours de repos. Comme des milliards de gens dans le monde, je me souviens parfaitement du lieu où je me trouvais lorsque les tours jumelles du World Trade Center se sont effondrées. Nous sommes donc, lors de ce fameux moment, dans une station-service. Je ne comprends pas bien l'attroupement devant un écran de télévision. Je m'approche. Je vois les images stupéfiantes, je suis sidérée, la gorge serrée, comme si j'étais moi-même dans la poussière de Manhattan. Je prends conscience du séisme que représente cette attaque meurtrière, brutale et humiliante contre les États-Unis. Je sais que tout sera désormais différent.

Je regarde mon fils. Il va donc grandir dans un monde peuplé de kamikazes formés aux lancers d'avions vers des gratte-ciel pour tuer le plus de gens possible. Une planète sous l'hégémonie d'un président américain, démocratiquement élu, mais désormais assoiffé de revanche. Je sais que la guerre est inévitable. Et en l'espace de quelques minutes, j'entrevois le pire scénario. La guerre totale contre « l'axe du mal », expression popularisée plus tard par George W. Bush. Les terroristes contre les démocraties. J'imagine les hôpitaux français submergés, les civils en fuite, les combats jusque dans nos rues. Et notre fils, qui ne peut plus être opéré. Nous avons rendez-vous une semaine plus tard avec le chirurgien. Je crains qu'il n'annule. C'est irrationnel, mais irrépressible. L'amour piétine le bon sens. Je ne me préoccupe pas du sort des centaines de civils innocents ensevelis sous les tours. Je m'inquiète égoïstement pour mon enfant. Je découvre le manque de discernement que peuvent engendrer les sentiments immarcescibles liés à la maternité. Quelque chose d'animal et de primitif.

Bien sûr, notre enfant a pu être opéré. Pas de guerre totale, mais une coalition militaire menée par les États-Unis et le Royaume-Uni pour renverser Saddam Hussein. Le dictateur est accusé, à tort, de détenir des armes de destruction massive. Il est aussi soupçonné de soutenir le terrorisme. Je connais déjà l'Irak de Saddam Hussein. Je m'y suis rendue une première fois pour un reportage en janvier 2001, alors que j'étais enceinte. Il s'agissait de réaliser une série de reportages sur la vie quotidienne d'une population sous dictature. J'y retourne après mon congé maternité, puis j'y monte un bureau permanent, et j'assiste, au fil de mes nombreuses missions en Irak, à l'agonie sans fin de ce pays. Jadis l'un des plus prospères du Moyen-Orient.

Mais pour bien comprendre l'enchaînement fatal qui va mener à l'intervention anglo-américaine en Irak, il faut d'abord passer par New York. Je suis en tournage pour le premier anniversaire des attentats qui ont transformé ce quartier de Financial District en cimetière géant. À ce jour, 2 753 personnes sont officiellement décédées. Ce fut l'attaque terroriste la plus meurtrière jamais perpétrée dans le monde. En septembre 2002, un an après la tragédie, les milliers de tonnes de gravats ont été déblayées. Des centaines de fragments de corps soigneusement récupérés sont encore analysés pour identifier formellement de nombreuses victimes. Sur la place où se dressaient les deux tours subsiste encore un trou béant, une blessure géante au cœur du quartier des affaires dans le sud de la mégalopole. Nous y faisons une émission spéciale en direct. J'ai pour mission de recueillir les témoignages de rescapés et de proches de disparus. Je rencontre une famille dont les fenêtres donnent sur Ground Zero. J'écoute ce garçon de douze ans parler si calmement devant notre caméra. Ses parents sont à ses côtés. Leur réemménagement est récent. Ils sont autorisés à se réinstaller dans leur logement après huit mois d'absence. Les autorités ont jugé que leur gratte-ciel était à nouveau habitable après quelques travaux de consolidation. Il n'a quasiment pas été touché lors de l'attentat.

L'enfant me raconte qu'il a vu les corps tomber, ces personnes qui se jetaient par les fenêtres des tours jumelles pour échapper aux flammes. Il explique qu'il réalise, au moment où il est témoin de cette scène, qu'il ne devrait pas voir cela. Il me dit : « Je suis un enfant, quand même. » Il confie qu'il essayait de détourner les yeux mais qu'il ne pouvait pas s'empêcher de regarder. Cette blessure d'enfance sera lourde à porter. Douze ans et déjà un fardeau avec lequel il doit désormais grandir. Son regard est un peu perdu, mais il dégage beaucoup de force. Je me dis qu'il surmontera ce traumatisme. Enfin, je l'espère. Il raconte comment il a fui avec ses parents la pointe de Manhattan en bateau vers le New Jersey. Ils sont des centaines de New-Yorkais à s'entasser sur toutes les embarcations possibles pour échapper à la poussière suffocante due à l'effondrement des tours. Cet enfant a connu le chaos, la panique et le bruit d'un corps jeté dans le vide qui s'écrase sur le bitume. Le temps de l'innocence est derrière lui.

Mon fils a un an exactement. Il vit en France. Dans une crèche municipale, pendant que je réalise cette interview, il découvre les jeux, les mots, la vie avec d'autres enfants. Comme toujours, l'histoire de cet enfant de New York me ramène vers ma propre vie. J'ai le temps de me demander si mon fils connaîtra, lui aussi, de semblables attaques. Je me dis que non. Et je me trompe car, treize ans plus tard, lors des attentats de Paris, le 13 novembre 2015, nos deux enfants sont au Stade de France avec leur père pour assister à un match amical France-Allemagne. Trois kamikazes se font exploser aux abords de ce stade dans la ville de Saint-Denis, en proche banlieue parisienne. Il ne fait pas froid ce soir-là. Une douceur exceptionnelle pour une nuit d'automne. Un autre commando sème la terreur en mitraillant les terrasses de cafés et de restaurants. Dans la salle de spectacle du Bataclan, dans le XIe arrondissement de Paris, l'assaut des tueurs de l'État islamique dépasse l'entendement. La menace terroriste s'est durablement installée au fil des années.

Pour ma part, je ne suis pas au Stade de France. Le père de mes enfants soulève littéralement nos deux fils et les entraîne vers la pelouse. La panique des premiers instants est suivie par le sang-froid de milliers de spectateurs. L'attaque est beaucoup moins traumatisante que celles qui suivent au cours de cette terrible soirée. Nos deux garçons sont sous le choc, mais personne n'est blessé. Oui, les enfants français, d'Europe et du monde entier sont désormais habitués au terrorisme.

Mais dans l'immédiat, un an après les attentats du World Trade Center, j'écoute un couple français qui entame le voyage le plus difficile de sa vie à New York. Leur fils aîné avait vingt-six ans. Il travaillait au 105e étage de l'une des deux tours. Il commençait une carrière prometteuse dans le domaine de la finance. Il appelait ses parents tous les jours. Il leur disait combien la ville était belle de là-haut. Il expliquait que, lorsqu'ils viendraient lui rendre visite, il leur montrerait tout. Il y aurait aussi son frère et sa sœur. C'était avant la tragédie. Un an plus tard, toute la famille est rassemblée devant la plaie géante. Elle a été officiellement invitée à la cérémonie en mémoire des victimes.

Le père me regarde. Il tente de répondre à mes questions. J'ai réfléchi à ce que j'allais leur demander. Parfois, souvent en fait, je me dis qu'il n'existe pas de bonnes questions dans ces circonstances. Que nous devrions nous contenter de filmer les visages avec respect. Et ne rien demander. Je pose quand même mes questions. Il me dit : « Je cherche quelque chose de mon fils dans ce chantier, j'espérais sentir sa présence, son passage dans cet endroit. » Mais il ne voit que du vide, du béton, des pancartes en anglais, des panneaux destinés aux familles des victimes. L'homme solide verse des larmes silencieuses. Sa souffrance sans bruit dans le vacarme assourdissant de cet endroit de malheur me terrasse. J'entends mon cœur battre plus fort. Je crois que les gens qui m'entourent à ce moment précis vont l'entendre eux aussi. Je me dis : Et si c'était l'un de mes fils ? Serais-je debout, acceptant de parler avec des journalistes ? Aurais-je le courage de partager mon malheur tout en gardant cette dignité ?

Nous accompagnons cette famille à l'institut médico-légal de New York. Les médecins légistes sont face à un défi dantesque. Dans les mois qui suivent les attaques, près de vingt mille restes humains sont récupérés sous les décombres. Pour l'instant, un an après, les parents du jeune Français n'ont toujours pas reçu la confirmation officielle du décès de leur fils. Aucun fragment retrouvé et analysé ne correspond à leur enfant. Le père préfère patienter à l'extérieur. La mère dit combien il est difficile de ne pas avoir vu le corps de son fils. Combien un endroit pour se recueillir serait un réconfort. Elle m'explique que, parfois, elle pense qu'il va appeler. Elle chancelle de chagrin mais elle reste debout devant les légistes. Ils tentent d'expliquer pourquoi le processus d'identification est si long. Elle écoute sans prononcer un mot. Que leur répondre ? Nous partons. Nous les quittons. Nous les laissons à leur malheur. Un père, une mère, un frère, une sœur ensemble dans un hôtel de New York. Cette ville qu'ils devaient découvrir avec leur fils aîné dont le corps a été pulvérisé un matin de septembre.

Cinq mois auparavant, je suis en Irak et j'écoute un agriculteur, à une heure de route de Bagdad, nous dire combien il s'est senti heureux quand il a vu les tours de New York s'effondrer. Il explique que les États-Unis les ont bombardés eux aussi, que ce n'est qu'un juste retour des choses. Sa femme est bien d'accord. Nous partageons leur repas après avoir réalisé le portrait de cette famille. Nous sommes installés sur une natte avec leurs nombreux enfants. Ils sont gentils, généreux. Pourtant ils ont été «fous de joie» quand les terroristes ont percuté les tours.

La femme raconte les bombardements d'une intensité terrible lors de l'opération «Tempête du désert». Elle décrit sa terreur, la peur de voir toute sa famille mourir sous le tapis de bombes. C'était en janvier et février 1991, onze ans plus tôt. Une coalition internationale, sous commandement des Américains, avec l'aval des Nations unies, lance la première guerre du Golfe. Il s'agit de rétablir la souveraineté du Koweït envahi par l'Irak. Saddam Hussein voulait accaparer les puits de pétrole koweïtiens et s'assurer un accès au golfe Arabo-Persique. Le dictateur échoue. Son pays est ravagé et placé sous embargo par les Nations unies. Quand nous rencontrons cette famille paysanne, elle subit sa onzième année d'embargo. Malgré des assouplissements avec notamment l'accord «pétrole contre nourriture» en 1996, l'appauvrissement de la population irakienne est abyssal. Il n'y a pas de viande dans les assiettes ce jour-là chez eux. Avant, nous expliquent-ils, ils en avaient largement les moyens. Le traumatisme des bombes et la pauvreté expliquent leur haine viscérale contre les Américains et leur joie quand les terroristes ont humilié et terrassé la nation la plus puissante du monde. Quand je leur dis que c'est Saddam Hussein qui a choisi d'envahir le Koweït, ils ne répondent pas. Personne n'oserait critiquer le raïs, le chef suprême. Saddam Hussein, dont les portraits géants sont partout dans Bagdad. Le dictateur fait l'objet d'un culte de la personnalité qu'il a savamment orchestré.

Un mois après le premier anniversaire des attentats, je couvre le référendum organisé le 15 octobre 2002 par le pouvoir irakien. Les électeurs sont appelés à s'exprimer sur un nouveau mandat de sept ans pour le candidat unique Saddam Hussein. Le pays est de plus en plus menacé par une offensive américaine. George W. Bush veut venger les morts du 11 Septembre. Mais le dictateur est occupé à l'organisation de son plébiscite. Je travaille sur cette mission avec un caméraman qui a quarante ans de métier. Nous nous regardons dans cet improbable bureau de vote. Nous ne savons pas s'il faut rire ou pleurer. Ce n'est pas un vote à bulletin secret. Il n'y a pas d'enveloppe. Les membres du parti Baas, celui de Saddam Hussein, fixent chaque électeur déposant son bulletin dans l'urne. Il ne viendrait à personne la funeste idée de choisir le non. Résultat du référendum : 100 % de oui et 100 % de participation ! Le pouvoir ne s'embarrasse pas de virgules. Dans les rues, c'est la liesse populaire. Nous faisons quelques interviews. Elles ne servent à rien. Elles ne racontent rien. Enfin, si, elles prouvent qu'aucune parole dissidente n'est concevable face à une caméra dans l'Irak de Saddam Hussein. Devant notre micro, tout le monde encense le cinquième président de la République d'Irak. La plupart de ces gens ne sont pas sincères. Ce qui est réel, en revanche, c'est leur détestation des États-Unis, cet ennemi qui s'apprête à envahir leur pays, sans mandat des Nations unies.

George W. Bush accuse le pouvoir de détenir des armes de destruction massive et de soutenir le terrorisme. C'est certain, cette guerre aura lieu, elle se prépare. J'ai pour mission de monter un bureau permanent à Bagdad et d'être prête pour le jour J. Créer un bureau permanent représente un engagement. Cela signifie une présence continue de France 2 à Bagdad. Des équipes se relaieront pour couvrir le conflit avec expertise. C'est une volonté de notre patron de l'information. Une décision éditoriale qui illustre la volonté d'accorder de l'espace à la politique étrangère dans nos journaux. Nous trouvons des locaux et nous négocions avec le ministère de l'Information irakien. Cette structure tentaculaire est un État dans l'État. Pour chaque reportage, nous sommes censés être accompagnés par l'un des membres de cette organisation. J'apprendrai, au fil de mes nombreuses missions dans ce pays, à semer ces espions finalement assez peu efficaces. D'abord parce qu'ils ont du mal à suivre notre rythme. Nous sommes debout aux aurores. Et nous nous endormons tard le soir après avoir tourné, puis envoyé notre sujet pour le journal de 20 heures, mais aussi après avoir trinqué à nous, à l'Irak, et à tout ce qui nous passe par la tête. Pourvu que l'on se détende. Alors, bien sûr, les agents chargés de nous surveiller sont épuisés avant nous. Souvent, je leur dis que nous rentrons à l'hôtel avant d'aller en fait tourner une nouvelle séquence. Ils ne sont pas les fonctionnaires zélés de la dictature. Ils sont trop mal payés et trop mal considérés pour ça. Ils subissent le système. Ils font donc assez mal leur travail. Aucun de mes reportages ne sera censuré.

En revanche, il est beaucoup plus compliqué pour la presse nationale irakienne de travailler librement. Seulement cinq quotidiens sont tolérés par le régime, dont *Iraq Daily*. Je rencontre de temps en temps, et discrètement, des journalistes de ce quotidien. Ils ne sont autorisés à écrire que dans les pages intérieures du journal. La une, la première page, est obligatoirement rédigée par un agent du régime. Elle est forcément consacrée à Saddam Hussein. Pour ne pas mettre en danger ces journalistes, je ne leur pose pas de questions politiques. Tout est dans le non-dit. Ils sont pourtant une source précieuse pour raconter l'état de ce pays exsangue après onze années d'embargo.

En 2003, le monde est divisé en deux : le camp de la paix face à celui de la guerre. Le camp de la guerre est représenté essentiellement par les États-Unis et la Grande-Bretagne. Ces puissances vont tout faire pour prouver que le régime du dictateur possède des armes biologiques et donc justifier une intervention. C'est le fameux épisode de la fiole d'anthrax brandie par Colin Powell devant le Conseil de sécurité des Nations unies le 5 février 2003. Le secrétaire d'État américain explique que Saddam Hussein « a la capacité de répandre ces poisons et maladies mortelles de façon à provoquer des morts et des destructions massives». Mais il se base sur des renseignements erronés des services secrets américains. Il va justifier le début d'une décennie de guerre par le mensonge. Cet épisode entache à jamais la réputation de ce grand homme d'État jadis respecté pour son intégrité.

Face à cet axe anglo-américain : le camp de la paix, le front du refus. Il est composé, entre autres, de la France, de l'Allemagne et de la Russie (oui, à ce moment-là Moscou est dans le camp de la paix…). Le 14 février 2003, neuf jours après Colin Powell, Dominique de Villepin, chef de la diplomatie française, prononce, lui aussi, un discours devant l'ONU. Il est vibrant et historique. Il affirme l'opposition de la France à une intervention militaire précipitée en Irak. «Car la guerre, dit-il, est toujours la sanction d'un échec.» La France de Jacques Chirac refuse de laisser passer une résolution de l'ONU autorisant le recours automatique à la force. Dominique de Villepin est écouté mais il n'est pas entendu. Les Américains veulent en découdre. Le 20 mars 2003, la coalition dirigée par George W. Bush déclare la guerre à l'Irak. Washington lance cette guerre éclair sans l'aval du Conseil de sécurité de l'ONU. L'opération est nommée «Liberté pour l'Irak», environ cent cinquante mille soldats américains et quarante mille Britanniques sont mobilisés.

C'est le fameux jour J : celui que je prépare depuis des semaines. Cela fait un an et demi que je suis à l'affût. Je me suis donc beaucoup absentée de chez moi. Quand mon fils a huit mois, je suis en Irak. À ses quatorze mois, je suis en Irak. Quand il a seize mois, je suis en Irak. Quand il a dix-huit mois, je suis en Irak : c'est le moment où la guerre commence. Entre avril 2002 et mars 2003, j'enchaîne les missions à Bagdad. Elles durent en moyenne de trois à cinq semaines. Les enfants sont avec leur père quand je suis absente. Nous avons établi une règle à laquelle nous nous tenons : puisqu'il doit lui aussi voyager pour son travail, nous partons chacun notre tour. La vie de famille n'est pas simple. Le soir de Noël 2002, je suis en reportage dans un petit monastère chaldéen avec les chrétiens d'Irak. J'étais à la maison pour le premier Noël de mon fils. Je ne suis pas là pour le deuxième. En parallèle, je fais quelques détours dans d'autres pays. Au Nigeria, en février 2002, je travaille sur l'application de la charia dans le nord du pays. Nous y réalisons un reportage sur un homme qui vient d'être amputé d'une main pour avoir volé un bœuf. Mon fils a six mois. Ce même mois de février, je pars aux Pays-Bas pour suivre le procès de Slobodan Milošević. Comme je l'ai mentionné plus haut, le dictateur y est jugé par le Tribunal pénal international pour ses exactions commises en ex-Yougoslavie. En mai de cette année 2002, je couvre l'élection présidentielle tunisienne. Un référendum est organisé pour permettre au président Ben Ali de rester au pouvoir. Mon fils a neuf mois. Je fais plusieurs allers-retours à Vienne pour rencontrer les inspecteurs de l'AIEA, l'Agence internationale de l'énergie atomique, qui enquête sur les supposées armes de destruction massive du régime irakien.

Quand la guerre en Irak est déclarée le 20 mars 2003, je me trouve dans le pays depuis cinq semaines. Au fil de ces journées de reportage nous constatons, mon équipe et moi, que l'inéluctable se profile. Les troupes américaines et britanniques sont massées au Koweït, prêtes à intervenir. Des centaines de chars de combat Abrams stationnent sur la route 80 qui relie Koweït City à la frontière irakienne. Nous filmons les civils irakiens qui s'arment pour combattre les Américains. Sur les marchés de Bagdad, les femmes se pressent autour des lampes à huile et des groupes électrogènes. Les centrales électriques feront partie des cibles bombardées par la coalition. La population se prépare stoïquement aux coupures d'électricité. Elle se résigne à affronter la guerre. Dans les rues, les sacs de sable s'accumulent : ce sont les positions de combat pour tenir tête à l'ennemi américain. Elles sont dérisoires. Saddam Hussein exhorte chaque famille à résister. Nous regardons et filmons des volontaires parader avec de vieux fusils d'assaut. Ils n'imaginent pas le déluge de feu qui les attend. Nous assistons au départ des ONG et du personnel des différentes organisations de l'ONU. Nous immortalisons les adieux de l'un des derniers diplomates occidentaux encore présents à Bagdad. C'est l'un des ultimes représentants du camp de la paix. Le chef de section des intérêts français en Irak, André Janier, ferme les portes d'un immeuble dans une rue de Bagdad. Nous savons que les armes vont parler quand il prononce cette phrase devant la poignée de journalistes présents : « Quand les militaires entrent, les diplomates doivent partir. » Il salue son personnel local en arabe, langue qu'il maîtrise à la perfection. Les inspecteurs spécialisés en désarmement de l'ONU, qui croyaient au bien-fondé de leur mission, sont vaincus. Ils partent en convoi vers la Jordanie. Les télévisions du monde entier, dont une majorité de bureaux est regroupée dans le même immeuble, s'équipent à l'abri. Quelques journalistes américains évacuent. La presse européenne reste. Nous restons.

Le 18 mars, deux jours avant l'assaut, George W. Bush prononce un discours solennel à Washington. Saddam Hussein et ses fils ont quarante-huit heures pour quitter le pouvoir. L'ultimatum lancé par le chef de la Maison-Blanche donne le signal du début de la guerre. Le président irakien refuse évidemment de partir. Deux jours plus tard, le 20 mars 2003, à 5 h 35 du matin, j'entends, de ma chambre de l'hôtel *Palestine* à Bagdad, les premières détonations. Un peu plus de quarante missiles Tomahawk s'abattent sur le sud de la capitale irakienne. Nous sommes déjà debout. Nous voulons nous rendre sur les lieux bombardés. Des bâtiments officiels et le bunker de Saddam Hussein ont été visés. Le premier matin, après ces premiers bombardements, la ville est étrangement calme. Le pouvoir est encore en place et l'information est toujours sous contrôle. La propagande s'installe dès les premières heures. Nous sommes invités par le ministère de l'Information à monter dans des bus. Ils ne nous emmènent pas sur les lieux qui nous intéressent. Nous tentons donc d'y aller seuls, mais il y a trop de contrôles sur notre route, il nous est impossible d'avancer. Les officiers de presse expliquent que tout est sous contrôle. Et ce n'est pas tout à fait faux.

Les trois premiers jours, les troupes de Saddam Hussein résistent. Je me souviens de cet officier me disant que l'Irak « inflige des pertes considérables dans les rangs américains ». Ce ne sera qu'un baroud d'honneur. La défaite de l'Irak est écrite. Les civils sont sous les bombes. Nous visitons un hôpital où sont soignés les blessés. La presse internationale est la bienvenue. Les autorités irakiennes veulent montrer que les frappes américaines font des milliers de victimes civiles. Plusieurs dizaines de médias sont autorisés, au même moment, dans le même hôpital, à rencontrer des blessés. L'Irak accuse les États-Unis de bombardements aveugles. Dans une chambre, un enfant est terrorisé. Il a trois ans, je pense. Il hurle d'effroi quand il voit la horde de journalistes et de caméras se précipiter autour de lui. Il est assis sur son lit, il est blessé au crâne et porte un pansement. Ce ne sont pas les bombes qui l'effraient, c'est la presse. Je tente de le calmer, de le rassurer, je n'y arrive pas. Nous sommes plusieurs dizaines autour de ce lit. C'est pitoyable. J'essaie d'inciter tout le monde à sortir. En vain. Chacun fait son plan de l'enfant qui crie.

J'éprouve la plus grande honte d'être là, de participer à cet acte de propagande qui terrorise un enfant. Le déshonneur d'une profession résumé en une seule image. Le caméraman avec qui je travaille ressent ce même dégoût. Quelque chose se fissure, sans doute, dans mon esprit, même si je n'en suis pas certaine.

Je vais alors prendre une décision difficile au regard de mon investissement pendant près de deux ans sur ce dossier. Je décide de rentrer à Paris. Mon équipe souhaite elle aussi partir après cinq semaines de couverture sans interruption. Je viens de passer des mois à prendre acte de la chute programmée du dictateur irakien dans les journaux de 13 heures et de 20 heures. J'ai multiplié les allers-retours entre Paris et Bagdad. Pourtant, je renonce à couvrir la fin de cet événement majeur qui va transformer ce pays, la région et le monde. La raison de mon abandon est simple : le décompte des journées passées loin de mon fils me devient insupportable. Je pensais que je pouvais tout gérer. Continuer à couvrir ce conflit, jusqu'au bout, et élever sereinement notre enfant avec son père. Je pensais être la reine de l'organisation, de la gestion à distance des pleurs, des nounous, des otites, et du reste. Je ne suis plus tout à fait certaine de faire correctement les choses. Je vois la souffrance des enfants d'Irak, mais est-ce que je réalise le désarroi de mon enfant privé de sa mère pendant de longues semaines ? Et d'ailleurs, éprouve-t-il du désarroi ? Ce ne doit pas être le bon mot. Comment ressent-il ce manque ?

Lors de mes retours en France, pendant cette période irakienne, j'écoute ces autres femmes, mères de famille, qui me disent ne pas comprendre « comment je fais ». Elles éprouvent parfois à mon égard une certaine admiration, mais, en même temps, une forme de désapprobation discrète. Je ne parle pas ici de mes amies mais de toutes ces personnes, dont des hommes, que je croise et qui me parlent sans malveillance. Simplement, ils et elles ne me comprennent pas. Comment l'Irak peut-il être plus important que mon fils ? Je tente d'argumenter. Non, l'Irak est beaucoup moins important, à mes yeux, que ma famille. Mais, oui, je veux quand même continuer à aller dans ce pays. Je suis mère et reporter, je peux faire ces deux choses simultanément. Je constate que les reporters hommes ne sont pas tout à fait jugés de cette façon. Personne ne leur reproche d'« abandonner » femme et enfants. Ce discours finit-il par m'atteindre ? Je ne crois pas. J'y ai répondu, à de nombreuses reprises, sans me démonter un instant. Mais, oui, mon enfant me manque en ce 23 mars 2023. Il a un an et demi. C'est définitif, animal, viscéral, je ne peux plus rester. Je me fais le mauvais film de sa souffrance sans moi. La guerre a commencé trois jours auparavant et je demande à prendre la route pour Paris ! Une décision étonnante aux yeux de beaucoup de mes confrères. Comment peut-on renoncer alors que les GI sont aux portes de la capitale irakienne ? D'autres équipes de France 2 sont déjà arrivées. Ce n'est pas un problème de passer le relais. Nous avons envoyé deux reportages par jour pendant cinq semaines. Nous avons tenu la distance. Nous partons avec le sentiment du devoir accompli. Je suis heureuse de rentrer malgré ma frustration de partir avant le dénouement que je sais proche.

Nous prenons donc la route pour la Jordanie, la seule option pour quitter l'Irak. En chemin, c'est l'apocalypse. Des dizaines de tranchées creusées par les forces irakiennes sont en feu. Elles ont été remplies de pétrole. Avec ces épaisses fumées, le régime de Bagdad espère aveugler les aviateurs américains et paralyser le système de guidage de missiles. Cela ne suffira pas à freiner l'avancée des troupes américaines. Je quitte le pays et la suite immédiate de cette guerre éclair s'écrit donc sans moi.

Je ne verrai pas la prise de contrôle de Bagdad par les États-Unis trois semaines plus tard, le 9 avril. Je n'assiste pas à cette scène qui fera le tour du monde : la statue du dictateur, sur la place al-Ferdaous, que je connais si bien, tirée et renversée par un char américain. Des centaines d'Irakiens participent à ce moment qui symbolise la chute de Bagdad et la fin du règne sans partage du parti baasiste. Je suis à Paris chez moi ce jour-là, un enfant dans les bras. Sans aucun regret. Le 13 avril, toutes les villes d'Irak sont tombées et passent sous contrôle américain. Saddam Hussein est en fuite. Il se cache dans une ville située dans le nord de l'Irak : Tikrit, le fief du dictateur.

Je reviens en Irak au mois de mai, et plusieurs fois encore en 2003. Je suis enceinte de mon deuxième enfant. Les Américains sont là, mais Bagdad est livrée à l'anarchie. Plus aucun salaire n'est versé, les policiers ne sont pas payés. Les États-Unis procèdent à la « débaasification » de toute la société. Le parti Baas de Saddam Hussein était la colonne vertébrale du régime. En décidant de l'éliminer et de chasser tous ses cadres, les Américains provoquent l'effondrement des institutions militaires, civiles et sécuritaires du pays. Les pénuries d'essence paralysent l'économie. Un comble dans cet État qui regorge de pétrole. La contrebande de carburant s'organise. L'ancienne Babylone, jadis l'une des civilisations les plus prospères au monde, sombre dans un désastre sans fin. La tragédie avait commencé avec Saddam Hussein. Elle ne s'arrête pas, elle s'aggrave. L'insécurité s'installe. Les attentats terroristes se multiplient. La guérilla urbaine s'intensifie.

Les poches de résistance contre l'occupation américaine deviennent, entre autres, islamistes. Les soldats américains vivent en autarcie dans leur base ultra-sécurisée. Ils ne vont pas au contact de la population, ou pas assez. George W. Bush obtient exactement le contraire de ce qu'il escomptait : le djihadisme prospère : celui d'al-Qaida d'abord, puis celui du groupe État islamique, né en Irak. Ce groupe djihadiste sunnite est créé par d'anciens officiers de l'armée de Saddam Hussein. Le 13 décembre 2003, le dictateur est arrêté après une longue traque de neuf mois.

Il est retrouvé, hirsute, dans une cache souterraine près de Tikrit. Il sera exécuté par pendaison trois ans plus tard. Un tribunal spécial irakien l'a condamné à la peine capitale pour crimes contre l'humanité. Les Américains n'auront finalement réussi qu'une seule chose : chasser du pouvoir un Saddam Hussein tyrannique adepte de la torture et du meurtre. Je ne l'ai jamais interviewé. En revanche, j'ai rencontré et interrogé Tarek Aziz en avril 2002, un an avant l'intervention américaine.

Le vice-Premier ministre du raïs nous reçoit avec une grande courtoisie. C'est un intellectuel. Je me souviens parfaitement bien de ce qu'il me dit plusieurs fois. L'homme aux célèbres épaisses lunettes d'écaille déclare que les Américains n'ont qu'une seule ambition avec cette intervention : servir leurs intérêts économiques. En clair, mettre la main sur l'or noir irakien. George W. Bush et son vice-président ont tous les deux des liens particuliers avec l'industrie pétrolière. Nous diffusons cette interview dans le journal de 20 heures. Vingt ans après, je suis bien incapable d'assener que Tarek Aziz avait raison. Mais le doute persiste sur les réelles motivations de George W. Bush.

Notre deuxième fils est né. Nos deux enfants ont deux ans et demi d'écart. Il faut s'organiser pour partir en reportage et continuer à préserver une vie de famille. Je suis toujours convaincue que c'est possible. Il y a eu l'alerte de l'Irak. Mon départ avant la fin de l'histoire. Cette décision assumée à propos de laquelle, d'ailleurs, personne ne me fait de reproches dans la hiérarchie de ma chaîne. Je continue donc à dire qu'il est possible de mener ces deux vies de front. Ce n'est pas une posture féministe. C'est une volonté de concilier les deux. Je n'ai pas autant bataillé pour m'arrêter en chemin ! Mon travail, ma colonne vertébrale. Ma famille, ma colonne vertébrale.

Chapitre 7

La vague meurtrière
Asie du Sud-Est, janvier 2005

Le 3 janvier 2005, je suis debout à côté d'une femme magnifique dans le salon chic d'une maison de Bangkok, en Thaïlande. Je la vois légèrement chanceler. Nous sommes tout près d'une table basse sur laquelle sont posées des dizaines de photos d'enfants rieurs. Je comprends que cette femme élégante ne tient pas vraiment debout. Je la rattrape pour qu'elle ne tombe pas. Elle s'effondre doucement, soutenue par mes bras, au pied de la table basse. Je revois avec précision la lenteur de ce mouvement. Une chute inéluctable vers le nouveau monde qu'elle doit désormais affronter : la vie, sans trois de ses quatre enfants, disparus pendant le tsunami dévastateur qui vient de ravager plusieurs pays d'Asie du Sud-Est.

Nous sommes à même le sol. Nous regardons les clichés ensemble. Les trois enfants sont photographiés séparément ou parfois ensemble. Les voici à la plage.

Sur une autre photo, c'est l'anniversaire de l'un des petits. Puis, c'est le jour de Noël, ou encore le repas de l'un des enfants sur une chaise de bébé, et enfin ce cliché d'une silhouette juvénile penchée sur des Lego. Trois bouilles de garçonnets immortalisées sur pellicule à des âges différents. Les photos racontent l'insouciante vie de famille, le bonheur embusqué dans les petits riens de la vie quotidienne. La seule richesse qui vaille est étalée sur le bois d'une table. Le monde d'avant le drame. Trois garçons. Ils avaient sept ans, trois ans et dix-huit mois. Elle me parle d'eux. Elle s'attarde sur une photo, me dit l'âge de l'enfant au moment du cliché. J'écoute sans l'interrompre. Elle ne pleure pas. Elle semble ne plus appartenir au même monde que le nôtre. Le ton de sa voix est étrangement doux et calme. Elle évoque sa foi chrétienne. Nous restons ainsi un long moment, son mari va et vient, entre et quitte la pièce. Il me salue gentiment. J'ai osé sonner à leur porte. Je me souviens de cet immense moment de solitude devant leur maison. Mon équipe est restée dans la voiture. Nous avons décidé ensemble que j'irais seule. Me voici donc sur le pas de la porte. Je rassemble mon courage et ce dont je dispose en matière d'intelligence des sentiments.

Je me demande ce que je peux leur dire. « Bonjour, je m'appelle Maryse Burgot, pardonnez-moi de vous déranger, je suis journaliste et je souhaite vous parler. » Je ne me souviens pas, en fait, des mots que je prononce quand la porte s'ouvre. Je sais en revanche que cette femme m'invite à entrer. Et que nous nous retrouvons assises sur le sol, l'une à côté de l'autre. À aucun moment je ne lui avoue que nous souhaitons enregistrer une interview télévisée avec elle. C'est pourtant la raison pour laquelle j'ai sonné. La rédaction a entendu parler de cette famille française ayant perdu trois de ses enfants dans la catastrophe. Je ne reçois aucune pression de mes rédacteurs en chef pour accomplir cette démarche difficile : aller voir des parents triplement endeuillés. On me demande simplement d'essayer, sans insister. Je renonce lorsque je suis devant les photos et en écoutant la voix posée et digne de cette maman bouleversée au-delà de l'imaginable. Je ne me sens pas capable de demander quoi que ce soit à cette femme. Je la remercie de m'avoir ouvert sa porte et son cœur. Elle pleure, je pleure. Je quitte cette maison en imaginant ce que deviendrait ma vie sans mes enfants. Ils ont trois ans et demi et neuf mois. Nous venons de fêter Noël ensemble en France. Nous avons beaucoup de chance.

Le lendemain de ce Noël 2004, le dimanche 26 décembre, à 7 h 58, heure locale, un tremblement de terre de magnitude 9,3 surgit dans les fonds marins de l'océan Indien. La puissance est si colossale que la terre se soulève et fait émerger une vague monstrueuse. L'épicentre du séisme est assez proche de l'île de Sumatra. L'Indonésie, le Sri Lanka et la Thaïlande vont connaître le tsunami le plus dévastateur de l'histoire récente. Plusieurs vagues déferlent sur ces pays. Certaines vont atteindre jusqu'à 20 mètres de hauteur sur les côtes, 51 mètres dans l'océan. Un cataclysme marin sans précédent de mémoire d'homme. Comme si les ténèbres accouraient à dos de vagues.

Je rejoins la Thaïlande avec mon équipe au lendemain de la tragédie. Deux cent vingt-sept mille personnes sont tuées, dont des milliers d'étrangers qui étaient en vacances sur ces plages paradisiaques de l'océan Indien. La présence de nombreux citoyens de l'Hexagone dans les pays touchés émeut les Français qui se sentent concernés. Ainsi va l'information : quand des compatriotes sont touchés, la couverture de l'événement est un peu différente. Nous allons, bien sûr, nous intéresser à toutes les victimes. Mais dans un premier temps, nous racontons les terribles histoires de Français dont la vie est fracassée par la tragédie.

Le couple qui vient de perdre trois enfants était en vacances à Khao Lak, dans la province de Phang Nga. L'hôtel dans lequel il séjournait a été ravagé par la vague. Avant de déferler, la mer s'est soudainement retirée au loin pendant plusieurs minutes. Puis elle est revenue, énorme, gonflée d'écume et de rage, monstrueuse. Elle sème la mort et la désolation. Elle avale les touristes sur les plages. Elle frappe tout ce qui s'oppose à son passage : les bateaux, les arbres, le mobilier. Elle s'engouffre dans les hôtels, les rues, les pelouses, les piscines. Rien n'échappe à sa voracité. La mère est, à ce moment précis, dans sa chambre à l'étage avec sa fille. Elles vont survivre toutes les deux. Les trois garçons sont en train de jouer dans le jardin d'enfants de l'hôtel. La vague les emporte. Le père, au rez-de-chaussée, échappe de justesse à la mort. Il cherche ses enfants et ne retrouve qu'un seul corps. Lorsque je rencontre cette famille à Bangkok, trois jours après la tragédie, elle s'apprête à prendre un avion pour la France. Ils étaient six, Ils ne sont plus que trois : les parents et leur fille. Dans l'avion, un minuscule cercueil, celui du seul enfant retrouvé. Je n'ai jamais cessé de penser à eux. Ce couple pratiquant a témoigné ensuite dans quelques journaux chrétiens de presse écrite. Il a survécu à cette épreuve inconcevable et s'est reconstruit.

Dans l'aéroport de Bangkok, des représentants diplomatiques brandissent des panneaux. Chaque pancarte porte le nom d'un pays. La Pologne, la France, la Suède, le Danemark, l'Italie et d'autres encore. Les étrangers en provenance des zones sinistrées arrivent. Le plus souvent, ils sont hagards, en larmes, ou totalement muets, sidérés par ce qu'ils viennent de vivre. Tous, ou presque, étaient en vacances. Les plages de sable blanc et les eaux turquoise pour oublier la grisaille d'un mois de décembre de leur pays d'origine. Le paradis devenu cauchemar. En apercevant les panneaux, ils se rapprochent des représentants des ambassades. Terribles moments auxquels nous assistons. Les hommes, les femmes devant expliquer combien de personnes ont disparu dans leur famille. Il faut recenser les survivants, seule solution pour commencer à établir le bilan des victimes. Parmi ces rescapés, des dizaines de Français. Souvent, ils reviennent de Phuket. Ils nous expliquent que beaucoup de leurs amis sont restés là-bas : ils espèrent retrouver les corps de leurs proches disparus. Car c'est le drame dans le drame. Des centaines de corps attendent d'être formellement identifiés. Cela prendra des années. Certaines familles n'ont jamais pu faire leur deuil, la dépouille de leur proche n'ayant jamais été retrouvée ou identifiée.

La situation la plus dramatique est à Meulaboh, une ville située dans le nord de Sumatra, en Indonésie. Pour y parvenir, nous allons faire un improbable périple dont les équipes de reportage ont le secret. Nous prenons un avion de Bangkok pour l'Indonésie. Nous atterrissons à l'aéroport de Banda Aceh. Une équipe de France 2 tourne déjà dans cette ville, elle aussi très touchée. Il faut donc aller ailleurs pour couvrir les différents lieux de ce drame. Je comprends tout de suite qu'il va falloir s'armer de patience pour atteindre Meulaboh, située à 238 kilomètres. Les hélicoptères américains faisant des rondes autour de cette cité côtière rasée par le tsunami sont rares. Et la plupart des appareils indonésiens sont cloués au sol parce qu'ils sont en réparation. La seule solution pour rejoindre Meulaboh est aérienne car les routes sont impraticables. Il faut donc convaincre un pilote de nous laisser monter à bord. Or, bien sûr, les journalistes ne sont pas la priorité. L'urgence absolue est de livrer des cartons de vivres à une population dans le dénuement le plus complet.

La première scène qui me frappe, ce sont ces centaines de mains tendues vers l'hélicoptère sur le point d'atterrir. La population a entendu le vrombissement de l'appareil, elle se précipite dans l'espoir de pouvoir récupérer l'un des colis. En quelques secondes, ils sont des centaines. En quelques instants, l'hélicoptère largue les cartons et repart dans la foulée. Nous restons. Les colis disparaissent en un clin d'œil. Je me souviens d'hommes, de femmes et d'enfants courant avec les précieux cartons sous les bras. Certains se déchirent et tout le contenu se renverse. Tout est récupéré au sol, sans rien laisser, parce que la vie de ces rescapés dépend uniquement de cette livraison miraculeuse. Nous nous disons que, dans cet environnement où les gens manquent de tout, il faudrait s'installer dans un endroit un peu sécurisé. Nous posons nos sacs sur une base de l'armée indonésienne. Et notre mission à Meulaboh commence.

La ville est littéralement rayée de la carte. Comme si un géant malveillant avait délibérément et méthodiquement piétiné chaque maison, chaque édifice. Meulaboh, la ville la plus proche de l'épicentre du séisme, a été détruite par la vague mais aussi par le tremblement de terre. Nous pensons que nous n'allons jamais pouvoir supporter l'odeur de cadavres en décomposition qui flotte sur la ville. Les survivants la supportent. Nous nous habituons. Des milliers de corps jonchent les rues. Neuf jours après la catastrophe, des volontaires sont encore en train d'évacuer les cadavres. Mais les morts sont tellement nombreux que la tâche est titanesque. La Croix-Rouge indonésienne est la seule association humanitaire arrivée jusqu'ici. Les volontaires de cet organisme local sont véritablement des héros. Ils tentent de rassembler les dépouilles. Le petit matin est empoissé de brume et d'odeur fétide. Je les vois entourer les corps avec des bâches en plastique. Ils n'ont rien d'autre à leur disposition. Puis ils les déposent dans les dizaines de fosses communes improvisées dans la ville. Elles sont gorgées d'eau. Terrible scène que de voir ces cadavres plongés dans une eau boueuse. Dégager les corps constitue toutefois l'unique solution pour éviter les épidémies qui menacent.

Meulaboh est devenu un immense cimetière. Avant le tsunami, c'était une ville de quarante mille habitants. Les hôpitaux ne sont même pas débordés. Les blessés ne sont pas nombreux. La vague a tué. Un point c'est tout. Sur des kilomètres, le paysage urbain est lunaire. Tout est à terre, horizontal, plaqué au sol. Un enfant fouille les décombres. Il récupère un jouet. Il me regarde sans rien dire. Il ne prête même pas un regard au cadavre juste à côté de lui. Les quelques militaires indonésiens présents semblent désœuvrés, aussi hagards que les civils. Les survivants marchent comme des automates dans les débris à la recherche d'eau potable, de nourriture, de vêtements ou de médicaments. Neuf jours après la tragédie, ils sont encore seuls au monde.

Nous faisons le portrait d'une survivante de Meulaboh. Elle occupait un poste important à la mairie de cette ville. Elle revient avec nous pour la première fois dans son quartier. Normalement, elle parle un anglais parfait car elle a longtemps travaillé aux États-Unis où elle était professeure. Mais depuis notre voiture, quand elle découvre ce qu'est devenue sa ville, elle perd son anglais. Elle est incapable de prononcer un mot. Elle me conduit à pied, sans voix, vers son quartier. Mais elle ne reconnaît plus rien. Les rues ne sont plus des rues. Les habitations sont des millefeuilles aplatis. Quand elle trouve enfin sa maison, elle dit qu'elle ne pourra plus jamais revivre au bord de l'eau. Désormais, elle envisage son avenir le plus loin possible de l'océan. Elle maudit ce traître qui s'est éloigné pour mieux revenir et tout engloutir. Elle n'était pas chez elle quand la vague a semé la terreur. Par miracle, ses deux fils d'une trentaine d'années, qui étaient présents, sont vivants. Ils se sont accrochés à une sorte de balustrade. Toutefois, sur les quatorze membres de sa famille, sept ont été tués. Ses parents, ses sœurs, ses petits-enfants. Le monde de cette femme s'est effondré en même temps que les murs de sa maison. Elle est traumatisée, totalement perdue et infiniment triste. Meulaboh est une âme morte. Mais au fil des mois et des années, le traumatisme s'estompe.

L'une de nos équipes revient à Banda Aceh en 2014, dix ans après le tsunami. Je reconnais sur les images la rue principale à nouveau bordée d'une centaine de commerces. Cette rue avait été balayée par le torrent d'eau. Une vidéo amateure décrivant la scène avait fait le tour du monde : les voitures emportées comme des brindilles. Tout était détruit. Dix ans plus tard, tout est reconstruit. L'humanité ne peut pas dompter la nature, mais, jusqu'à présent, elle survit à ses fureurs.

CHAPITRE 8

Le tournant de l'Iran et la correspondance à Londres 2005-2009

En mars 2005, je suis en Iran pour réaliser des reportages sur le droit des femmes. À Téhéran, le hijab commence timidement à disparaître. Ces voiles censés couvrir les cheveux, les oreilles et le cou laissent échapper de plus en plus de mèches. Un léger vent de liberté souffle sur la capitale iranienne. Nous tournons un sujet chez un chirurgien plasticien de Téhéran. Les femmes y demandent un visage à l'occidentale. Je parle avec ces jeunes étudiantes modernes qui osent la chirurgie et, par ailleurs, rêvent de liberté. Le plasticien explique avoir déjà opéré huit mille nez. Ces jeunes Iraniennes étudient souvent à l'université. Les femmes s'imposent progressivement au Parlement. Treize femmes pour deux cent soixante-dix-sept hommes. C'est peu mais c'est un début. Nous réalisons des interviews avec ces femmes députées qui parlent du changement inéluctable vers plus de démocratie. Les espoirs de ce courant réformateur sont implacablement douchés trois mois plus tard, en juin. Je suis alors de retour pour raconter l'élection présidentielle et, contre toute attente, l'ultra-conservateur Mahmud Ahmadinejad se qualifie pour le second tour. Il y affrontera un autre conservateur, un peu plus pragmatique et modéré. Aucun analyste n'avait anticipé cette configuration qui balaie tous les candidats réformateurs.

Deuxième surprise : c'est le candidat le plus dur qui l'emporte au second tour. Le nouveau président Ahmadinejad quitte donc son poste de maire de Téhéran. C'est un populiste et un nationaliste qui promet d'édifier un État islamique exemplaire et puissant. La théocratie à l'iranienne est confortée. Depuis, elle se maintient au prix de la répression féroce de toute contestation. Même si l'élection du réformateur, Masoud Pezeshkian, le 5 juillet 2024, donne de l'espoir au camp opposé aux ultra-conservateurs. Mais revenons à 2005. Mahmud Ahmadinejad succède donc à Mohammad Khatami. Il avait prôné pendant ses deux mandats, de 1997 à 2005, la modération et l'ouverture au monde. C'est un retour en arrière, un cinglant revers pour le camp progressiste et pour des millions de femmes iraniennes. Pour moi, c'est un tournant personnel.

Mes deux jeunes enfants ont quatorze mois et trois ans et demi. J'ai déjà vécu l'épisode irakien, quand nous quittons Bagdad sans avoir vu la chute du régime. En Iran, je vis le même dilemme. Je renonce, avec mon équipe, à rester pour le second tour de la présidentielle. Je suis trop souvent et trop longtemps loin de chez moi. Nous ne sommes donc pas présents à Téhéran pour ce second tour. Or, la victoire finale de Mahmud Ahmadinejad est un séisme. Pour les progressistes du pays, mais aussi pour le reste du monde. Je me sens responsable de notre absence. Je n'ai pas imaginé ce résultat, l'équipe avec laquelle je travaille non plus. Je ne suis pas seule à porter la responsabilité, bien sûr. Je ne décide pas seule de rentrer ou de rester. Nous avons une hiérarchie qui fait ces choix éditoriaux. Mais je pense que ma situation familiale, le manque de mes jeunes enfants, m'a conduite à ne pas insister pour rester, à ne pas essayer de convaincre.

Je vis assez mal ce que je perçois comme une erreur personnelle. Je comprends que mon jugement peut être altéré parce que je suis loin de mes deux fils. Je réfléchis beaucoup et je prends une décision radicale. Je vais renoncer pour quelques années à couvrir ces terrains. Je vais faire une pause pour voir grandir mes enfants. C'est exactement le contraire de tout ce que j'ai toujours prôné auparavant. J'étais persuadée que je pouvais mener de front ces deux vies : mère et grand reporter. En fait, je n'y parviens pas. Enfin, j'ai plutôt le sentiment de tout faire de travers. Je cherche une solution pour continuer à exercer ce métier tout en étant un peu moins souvent éloignée. Je choisis d'être candidate au poste de correspondante permanente à Londres. Une fonction à géographie restreinte. Si je suis sélectionnée pour cet emploi, je vivrai à Londres avec ma famille et ne voyagerai quasiment qu'en Grande-Bretagne. Le père de nos enfants est tout à fait partant pour cette aventure familiale qu'il encourage. Son métier lui permet d'exercer n'importe où dans le monde.

En juin 2005, j'ai la chance d'être nommée à ce poste prestigieux, éclectique et assez exotique. Nous allons déménager et vivre pendant quatre ans sous le règne de Sa Majesté la reine Élisabeth II du Royaume-Uni. Je n'imaginais pas à quel point mon renoncement, pour quelques années, aux terrains difficiles, se transformerait en une épopée familiale, ludique et passionnante.

Mais les premiers moments de cette correspondance vont commencer par une tragédie. Je finis par me demander si je ne transporte pas la guerre avec moi. Nous arrivons à Londres le 6 juillet 2005 sans nos enfants. Nous devons trouver un appartement à louer et inscrire nos deux garçons dans une école et une crèche en fonction de notre quartier de résidence. Nous ne devons rester que quelques jours. Je ne prends officiellement mes fonctions dans ce pays qu'à partir du mois de septembre. Rien ne se passe comme prévu. La journée du 6 juillet est pluvieuse mais pleine de ferveur populaire. Londres vient de gagner l'organisation des jeux Olympiques d'été en 2012. À 12 h 49, le CIO, le Comité international olympique, annonce qu'il choisit le Royaume-Uni plutôt que la France. À Paris, c'est l'immense déception, à Londres la foule exulte sur Trafalgar Square, la place emblématique de la capitale britannique.

Un écran géant retransmet le verdict final du jury du CIO. Nous sommes au milieu de cette foule en liesse. Ce sont les premiers instants de notre vie d'expatriés à Londres. Je suis triste pour la France mais heureuse pour mon nouveau pays d'adoption. Tony Blair, alors Premier ministre, accueille le soir même les dirigeants du G8 en Écosse, les huit pays les plus économiquement avancés de la planète. Le chef du gouvernement britannique, à qui tout semble réussir, salue un jour historique pour son pays. Jacques Chirac, élégant perdant, exprime sa déception mais félicite le Premier ministre anglais. Tony Blair n'imagine pas combien Londres va passer de la joie au chaos.

Le lendemain, 7 juillet 2005, à 8 h 49, trois bombes explosent quasiment simultanément dans trois rames différentes du métro londonien. Moins d'une heure plus tard, un bus est soufflé par une forte déflagration. Quatre kamikazes, munis de sacs à dos, se font exploser dans les moyens de transport publics de la capitale, à l'heure de pointe, alors que trois millions de passagers empruntent chaque jour le plus vieux métro du monde. Un commando pour quatre attaques suicides sur le sol européen : c'est une triste première. Un peu moins de quatre ans après les attentats du World Trade Center à New York, la capitale britannique est plongée dans l'horreur à son tour.

Comment oublier cet étrange matin ensoleillé où des milliers de Londoniens incrédules marchent dans les rues devenues silencieuses ? Ce silence est parfois rompu par les sirènes des ambulances et de la police. Une marée humaine dans les rues, les parcs, les avenues avance vers je ne sais quel endroit. Jamais je n'oublierai ce matin du 7 juillet 2005, quand toute la ville semble s'être mise en marche. Quel stupéfiant contraste par rapport à la veille, quand Londres fêtait avec fierté et enthousiasme l'attribution des Jeux ! Tous les moyens de transport sont suspendus. Les Londoniens, les touristes, essaient de rentrer chez eux ou dans leurs hôtels. Ils cherchent à joindre leurs proches. Le mot attentat est sur toutes les lèvres. La BBC, l'entreprise historique de l'audiovisuel public britannique, a interrompu ses programmes pour rendre compte des événements. Nous sommes au cœur de cette foule qui voudrait comprendre. Pourquoi cette interruption de tous les transports publics ? Doit-on craindre d'autres explosions ?

En 2005, le téléphone portable et les réseaux sociaux ne constituent pas encore une source d'information continue. Je suis très vite appelée par la rédaction. Je comprends qu'une attaque terroriste coordonnée vient d'avoir lieu. Je dois rejoindre au plus vite le bureau de France 2 à Londres pour aider notre correspondant, le journaliste que je dois remplacer en septembre. Ces postes de correspondants permanents sont attribués à un nouveau journaliste tous les trois, quatre ou cinq ans. Je commence donc finalement ma mission plus tôt que prévu. Nous avions prévu de visiter quelques quartiers de Londres où nous pourrions nous installer. Nous comprenons que ce ne sera pas possible. L'actualité donne le ton. Je me rends évidemment disponible pour prêter main-forte dans ces circonstances.

Les festivités prévues pour l'attribution des Jeux sont annulées. Tony Blair rentre précipitamment d'Écosse. Je pars en tournage sur Trafalgar Square avec une équipe de notre bureau de Londres. Les drapeaux des jeux Olympiques sont toujours au vent, mais ce lendemain de fête est d'une incroyable brutalité. Le bilan des attaques ne cesse de s'alourdir. Il est finalement de cinquante-deux victimes et sept cent quatre-vingt-quatre blessés. « Comment peut-on passer d'un tel sentiment de joie à cette descente aux enfers ? » me demande une jeune Anglaise. Beaucoup de Londoniens expliquent qu'ils ont le sentiment d'être à New York quand les tours du World Trade Center se sont effondrées. La même stupéfaction devant la violence aveugle du terrorisme. Dans la journée de ce 7 juillet 2005, les secours ont le plus grand mal à atteindre les victimes dans le fameux *tube* de Londres. Le métro est constitué de tunnels étroits et donc difficilement accessibles pour les sauveteurs. Leur cauchemar est à la hauteur de l'effroi ressenti par les survivants. Tous décrivent l'épaisse fumée noire dans les rames après les explosions. Beaucoup de passagers sont restés bloqués pendant vingt à trente minutes dans leur wagon. Aucune information donnée par le conducteur. Pas de marteau pour casser les vitres, des dizaines de personnes hurlant en panique absolue, tandis que d'autres prient. Et les corps à enjamber quand ces rescapés réussissent à sortir.

Le lendemain matin, je suis avec un JRI à la City, le quartier des affaires de Londres. Les banquiers, financiers et autres *golden boys* sont déjà de retour dans leurs bureaux : c'est l'épatante capacité de résilience des Britanniques. « Je ne vais certainement pas me laisser impressionner par ces terroristes ! » nous dit un Anglais pressé dans son costume impeccable. Le métro est bondé, quasiment toutes les lignes fonctionnent normalement. Les passagers lisent les journaux qui consacrent leur une aux victimes. Mais la vie reprend exactement comme s'il ne s'était rien passé la veille.

« Nous avons connu les attentats commis par les séparatistes de l'IRA, m'explique une vieille dame, nous avons l'habitude. » Les séparatistes de l'Armée républicaine irlandaise ont lutté pendant des années contre la présence britannique en Irlande du Nord. Trois décennies d'un sanglant conflit communautaire : les Anglais en ont vu d'autres. Les rues et les pubs sont pris d'assaut. Les pintes de bière se partagent avec ce slogan : « We are not afraid! » « Nous n'avons pas peur ». Cette phrase est brandie partout, en graffiti, en badge, en affiche, en SMS. Je découvre le sens profond du fameux flegme britannique. Imperturbable, le Royaume-Uni défie les tueurs en se remettant sur-le-champ au travail. « Vous allez échouer, dit le maire de Londres, Ken Livingstone, aux terroristes, regardez nos aéroports et nos gares où se pressent les foules. » Mais une deuxième sidération, après ces attentats, va très vite s'emparer des sujets de Sa Majesté.

Car les attaquants sont des enfants du pays. La Grande-Bretagne découvre avec stupeur que l'ennemi vient de l'intérieur. Scotland Yard, la célèbre police londonienne, trouve en un temps record l'identité des quatre hommes qui se sont fait exploser. C'est un choc pour le Royaume-Uni car ces terroristes ne viennent pas de lointains pays étrangers. Ce sont des citoyens britanniques de confession musulmane, ils ont toujours vécu au Royaume-Uni et y sont nés, au moins pour trois d'entre eux. En 2001, lors des attentats de New York, les pirates de l'air venaient essentiellement d'Arabie Saoudite, comme le chef d'al-Qaida, Oussama Ben Laden. À Londres, les auteurs des attaques suicides sont des ressortissants nationaux, des hommes parfaitement intégrés. Trois d'entre eux sont d'origine pakistanaise, le dernier d'origine jamaïcaine. L'un des kamikazes, le plus âgé, Mohammad Sidique Khan, était éducateur enseignant dans des écoles primaires pour enfants de familles immigrées de la ville de Leeds.

C'est un père de famille respecté de tous. Les Britanniques écoutent donc, sidérés, la vidéo posthume enregistrée par cet attaquant. Nous devons réaliser un reportage à partir de cette vidéo. Je regarde cet homme déverser sa haine contre son pays dans un parfait accent rocailleux du Yorkshire, cette région située dans le nord de l'Angleterre : « Vos gouvernements élus démocratiquement continuent de commettre des atrocités contre mon peuple [musulman] à travers le monde. Les soutenir vous rend directement responsables, exactement comme je suis responsable de protéger et de venger mes frères et sœurs musulmans. »

L'écœurement des Britanniques est énorme. « Ils ont fait leur vie ici et ils veulent tout détruire », nous explique un Anglais. Attaqué de l'intérieur par ses propres enfants, le Royaume-Uni s'interroge sur son système d'intégration. La réussite du modèle multiculturel est questionnée. La nation se sent en danger alors que déjà, en 2001, des émeutes raciales avaient embrasé des villes du nord du pays. Ces premières journées de correspondance sont marquantes pour moi. Je comprends qu'il faut travailler sur ce modèle de société. Un système qui a tendance à encourager une forme de ségrégation des minorités ethniques dans certains quartiers. Je m'y intéresse pour mieux le comparer à celui de la France et rendre compte de ces différences dans nos journaux télévisés. C'est un éclairage intéressant pour nos téléspectateurs. C'est tout l'intérêt d'un poste de correspondant permanent. Vous vivez dans un pays, vous vous y installez, vous y envoyez vos enfants à l'école, vous y êtes soigné, vous en comprenez le système de santé. Vous n'êtes pas seulement de passage.

Nous inscrivons, dans un premier temps, notre fils de trois ans et demi dans une école primaire publique anglaise de quartier. C'est un enseignement gratuit et sans uniforme. Nous trouvons une place en crèche pour notre deuxième enfant. Nos fils ne comprennent pas l'anglais, bien entendu, mais comme tous les enfants du monde, immergés dans une autre langue, ils apprennent vite. Je me souviens quand même de mon grand désarroi quand notre fils aîné rentrait le soir, les premières semaines, en disant qu'il ne comprenait toujours rien ! Allait-il être traumatisé pour le reste de ses jours ? Je n'étais pas fière. Notre deuxième enfant âgé alors de quinze mois apprenait encore à parler. Résultat : il a mélangé pendant plusieurs années l'anglais et le français. Après quelque temps, les choses sont rentrées dans l'ordre. Et ce choix fut une chance pour eux. Nous découvrons ce système anglais qui laisse une grande place à l'expression orale. Chaque semaine, les petits élèves font un *show and tell*. Ils doivent apporter un objet, le montrer à la classe et le décrire. Il peut s'agir d'un jouet, d'un doudou, d'un vêtement, de tout objet possible et imaginable. Cet exercice répété de nombreuses fois donne de l'assurance aux enfants, même aux plus timides. Cela existe en France, mais de façon moins systématique. J'ai toujours pensé que l'éloquence et l'aisance assez fascinantes des Anglais devant nos caméras étaient liées à cet apprentissage de la prise de parole en public dès le plus jeune âge.

Pendant ce temps, la reine fête ses quatre-vingts ans. Nous n'imaginons pas, alors, qu'elle régnera encore vingt ans avant de s'éteindre de vieillesse le 8 septembre 2022 à l'âge de quatre-vingt-seize ans. Nous sommes donc en 2006 et je vais enchaîner les reportages et éclairages les plus improbables à l'occasion de l'anniversaire de l'icône absolue qu'est devenue Élisabeth II, après plus d'un demi-siècle de règne. Ses robes aux couleurs légendaires, ses corgis, ses enfants divorcés, ses erreurs de jugement dans le passé lors de la mort de Diana, sa capacité à réparer ces maladresses, ses palais décatis, ses finances controversées, la taille de ses talons, le poids de sa couronne, le contenu de son sac à main, son amour pour son époux, sa jeunesse en noir et blanc, les Premiers ministres britanniques qu'elle a vus défiler, en commençant par le grand Winston Churchill, ses voyages dans le monde entier et son célèbre « Never explain, never complain ».

Car la femme la plus célèbre du monde n'explique rien et ne se plaint jamais. Sa ligne de conduite : ne jamais donner d'interviews à qui que ce soit. Elle aura réussi cette magistrale prouesse d'être une indétrônable vedette mondiale en ayant pour principe de ne pas répondre aux questions des journalistes. Sauf une fois : pour les soixante-cinq ans de son règne, elle accorde une interview à la chaîne BBC One. C'est la seule exception. Elle s'exprime parfois, mais c'est essentiellement pour s'adresser à ses sujets. Bien entendu, je ne lui ai jamais dit le moindre mot, je ne lui ai jamais été présentée. À vrai dire, peu de journalistes français ont eu cet honneur. J'ai cependant pu l'observer pendant un long moment dans les jardins du palais de Buckingham à Londres.

Je suis bien loin des terrains de guerre, mais je me prends au jeu de cette monarchie parlementaire qui reine son socle. Le destin de cette femme . Je l'observe donc un 25 juin 2006 alors oit deux mille enfants pour un immense ans les jardins du palais à l'occasion de ses ingts ans. Après mon direct dans le journal heures, je reste dans les jardins et je me faufile les invités. Les services de sécurité me prennent l'une des mamans des enfants conviés. Je suis à quelques mètres de cette souveraine insondable. Je suis pendant un très long moment discrètement, ni très loin, ni trop près. J'entends parfaitement sa voix reconnaissable parmi des milliers et ses mots choisis prononcés avec l'accent *posh* de l'élite anglo-saxonne. Je ne suis pas à Bombay, à Téhéran ou à Bagdad, mais je ne m'ennuie pas, au contraire. J'ai le sentiment d'étudier une légende vivante. Robe printanière de mousseline rose, mise en plis parfaite, et souliers confortables. Elle sourit légèrement à quelques enfants, échange quelques mots avec leurs parents. Mais elle semble en quelque sorte absente, figée dans son rôle. Et c'est bien en cela qu'elle fascine. Cette façon de garder ses distances en public, quel que soit l'interlocuteur, transforme cette femme en être mystérieux. C'est tout un art de la mise à distance dont personne d'autre au monde n'a été capable.

Ces quatre années de correspondance en Angleterre sont une passionnante parenthèse. Au début, je l'avoue, les terrains difficiles m'ont manqué. Mais j'ai apprivoisé ce travail et j'ai rapidement pris goût au

fait de passer d'un sujet à un autre, du pl
au plus ludique, du plus exotique ou plus rieux
nel, du plus politique au plus culturel. C'est on-
magie de ces mois de reportages qui ressem la
un inventaire à la Prévert. Je ne résiste pas à v
d'en établir une liste non exhaustive :

– La disparition des écureuils roux dans les p s de Londres au profit des écureuils gris. Les gris sot porteurs d'un virus fatal aux roux. C'est terrible ca les écureuils gris ressemblent à de gros rats. Une grande perte pour les Anglais !

– La nomination de David Cameron à la tête du parti conservateur britannique. À trente-neuf ans, il rêve de redonner le pouvoir au parti de Margaret Thatcher. Tony Blair a longtemps incarné la renaissance du parti travailliste. David Cameron veut faire la même chose pour son parti.

– Le Chelsea Flower Show : c'est l'événement mondain par excellence. Dans un dédale de pollen et de pistils, tout le gratin de l'horticulture mondiale se réunit. Les jardiniers portent le chapeau melon. La reine inaugure l'événement chaque année.

– Dans la même veine : le grand prix d'Ascot ou la course hippique la plus snob du monde. Chroniqueurs et journalistes sont en frac et en chapeau. Je me souviens très bien du chapeau à plumes que j'arbore ce jour-là, loué pour l'occasion. Des journalistes de la BBC osent se présenter en T-shirt et sont renvoyés sur-le-champ sur ordre de la reine. La chaîne publique a dû faire des excuses pour les tenues négligées de ses salariés. Celles de France 2 étaient impeccables.

– Le fait divers de la décennie : l'affaire Madeleine McCann. Âgée de trois ans, la fillette disparaît au Portugal en 2007 alors qu'elle est en vacances avec ses parents. La photo de la petite Maddie aux grands yeux bleus est à la une des journaux du monde entier. Cette affaire n'est toujours pas résolue en octobre 2024.

– Le sommet franco-britannique en 2008 et la présence très remarquée de la nouvelle épouse du président français : Carla Bruni-Sarkozy porte, entre autres, une robe gris souris et un bibi assorti. Je réalise une très courte interview avec l'ancienne mannequin. Elle me parle de la gentillesse de la reine. Les Anglais sont sous le charme.

– Le scandale des bonnets à poils d'ours de la garde royale. Pour fabriquer les fameux chapeaux des gardiens du palais de Buckingham, il faut la peau d'un ours brun du Canada. Pourquoi ne pas réaliser ces couvre-chefs royaux en synthétique et épargner les ours ? Certains Anglais m'expliquent que le poil d'ours est le seul capable de supporter la pluie londonienne !

Et enfin les dix ans de la mort de Diana, le départ du Premier ministre Tony Blair, l'arrivée de son successeur Gordon Brown, la vie rêvée des étudiants français à l'université de Cambridge, les menaces qui pèsent sur l'écrivain Salman Rushdie, victime d'une *fatwa* de l'Iran, Hammasa Kohistani devient la première miss anglaise de confession musulmane, les bonus insensés des *golden boys* de la City, la crise des subprimes, les expositions des araignées de l'artiste Louise Bourgeois à Londres, les courses d'aviron entre les universités d'Oxford et Cambridge, la laine exceptionnelle des îles Shetland en Écosse… J'en passe et j'en oublie. Tout cela fut si divers, *so British* et tellement passionnant. Ce sont aussi les années de petite enfance de mes enfants. J'étais à la maison quasiment tous les soirs. Je leur lisais une histoire chaque jour.

Ce furent des années exceptionnelles. Cela ne s'est plus jamais reproduit car, après Londres, je suis nommée à Washington DC, aux États-Unis. Le pays est immense, je reprends mes valises et des avions par dizaines.

Chapitre 9

Les folles années américaines
2009-2014

Je commence à travailler au bureau de France Télévisions à Washington DC, aux États-Unis, le 1er septembre 2009. J'ai à peine le temps de m'asseoir sur une chaise, ce premier matin de mon service, que je suis déjà dans un avion. Je prends ce même jour, en urgence, un vol pour Los Angeles avec ma nouvelle équipe : un caméraman américain et une journaliste monteuse française installée depuis plusieurs années aux États-Unis. Nous deviendrons très proches au fil des très nombreuses missions dans les endroits les plus improbables que nous avons sillonnés aux États-Unis, au Canada et en Amérique latine.

Mon territoire n'est plus un pays mais un continent. Des incendies gigantesques ravagent les zones nord de la ville de Los Angeles, située de l'autre côté du pays. Trois mille sept cents kilomètres séparent les deux mégalopoles, cinq heures d'avion et trois heures de décalage horaire. Si je n'avais pas bien saisi la géographie de ce pays, je vais vite comprendre que la petite histoire du soir aux enfants sera beaucoup plus rare qu'à Londres.

Le lendemain de ce départ, c'est la rentrée des classes pour mes deux garçons. Nouveau pays, nouvelle école, et je suis à l'autre bout du territoire. Je suis casquée et affublée de la veste réglementaire jaune des pompiers américains, j'ai des flammes effarantes sous les yeux, un front de feu impressionnant comme je n'en ai jamais vu, mais mon esprit s'échappe régulièrement vers la rentrée de mes deux fils. Nous filmons des dizaines de villas en proie aux flammes. Le rêve californien des classes moyennes est rongé par une épaisse fumée noire. Je comprends la détresse absolue des habitants, le danger affronté par les sauveteurs ; je pose les questions, je réalise les reportages, mais dans un coin de ma tête quelque chose me gêne, m'angoisse. Ne pas avoir pu accompagner mes enfants en ce premier jour de notre nouvelle vie m'attriste. C'était le seul jour où il fallait être présente à leurs côtés. Un seul jour dans l'année ! Je m'en veux, même si je sais que je n'avais pas le choix. Impossible de débuter à ce poste prestigieux et envié en expliquant que je ne peux pas couvrir les incendies car j'ai la rentrée des classes ! Heureusement, leur papa est présent. Et, bien sûr, il est parfait. Mais je n'étais pas là pour partager les grandes et petites angoisses de deux enfants français débarquant dans une école publique américaine un matin de septembre sans connaître personne. J'ai souvent pensé que j'allais un jour payer cher cette accumulation de petites et grandes absences. Je suis une maman qui ne venait pas avec un goûter à chaque sortie de classe. Je les ai parfois enviées, ces mères présentes, mais jamais très longtemps. Car, au fond, je me suis tenue à mon choix, mon envie de continuer malgré mes doutes permanents sur l'éducation, parfois à distance, de mes enfants. Finalement, je crois que ce fut peut-être parfois plus difficile pour moi que pour eux. Enfin, c'est ce que je me plais à penser. Et d'ailleurs, aujourd'hui, du haut de leur mètre quatre-vingts, ils vont très bien et sont surpris que j'aie pu avoir tant d'états d'âme au milieu des incendies de Los Angeles.

Barack Obama est au pouvoir depuis huit mois quand nous arrivons aux États-Unis. Ses deux filles, Malia et Sasha, ont dix et sept ans. La plus jeune est scolarisée dans une école privée située à moins de cent mètres de la maison où nous habitons dans la petite ville de Bethesda, en banlieue de Washington DC. Sidwell Friends School est un établissement chic et élitiste. Comptez 50 000 euros de frais de scolarité par an et par élève. Pas l'ombre d'une polémique sur le choix des époux Obama d'envoyer leurs enfants dans le privé. Les Clinton avaient eux aussi sélectionné cet établissement pour leur fille Chelsea. Aux États-Unis, ne pas mettre ses enfants dans les écoles publiques quand on est un personnage politique ne fait pas débat, que l'on soit démocrate ou républicain. La première fois que nous voyons débarquer le convoi présidentiel, nous pensons qu'un événement gravissime a dû se produire dans le quartier. Mais ce n'est pas le cas, les époux Obama viennent à un rendez-vous avec les enseignants de leur fille, après un conseil de classe. Comme tous les parents du monde en somme, à cette exception près qu'ils arrivent dans un convoi insensé encadrant leur voiture appelée *The Beast*, la Bête.

La Bête est un monstre d'acier et de blindage. Cette limousine présidentielle résiste aux balles, aux explosions, aux attaques chimiques. La voici devant notre maison ! Nous sortons avec nos enfants, sur le carré de pelouse devant le pas de notre porte, pour observer cette scène de film. Une bonne vingtaine de véhicules de sécurité, des ambulances, des voitures de communication, des motards de police occupent toute la rue. La police locale est aux aguets et les agents du Secret Service, chargés de protéger les personnalités, roulent des mécaniques, de même que les officiers du FBI, compétents pour enquêter sur le terrorisme, le contre-espionnage et le crime organisé. Nos voisins américains, habitués à ce déploiement impressionnant de forces de sécurité, nous confirment qu'il s'agit juste du président et de sa femme en réunion parents-professeurs. Il nous est fortement conseillé de ne faire aucun geste qui pourrait sembler menaçant. Nous obtempérons. Nous restons à notre place, c'est-à-dire chez nous, et apercevons la démarche chaloupée du président américain et la silhouette de la première dame. Bienvenue dans l'Amérique de la démesure et du XXL jusque sur le pas de notre porte. Régulièrement donc, les Obama sont de retour dans notre rue où stationne *The Beast* pendant que madame et monsieur s'enquièrent des progrès de leur progéniture.

Mais rien ne va déjà plus pour la superstar Obama. En cette fin d'année 2009, l'état de grâce s'achève pour le chef d'État de la première puissance mondiale. Et le fait de recevoir le prix Nobel de la paix le 9 octobre 2009 est presque un fardeau. Le 44e président des États-Unis n'a encore rien accompli et le voici propulsé prix Nobel pour récompenser « ses efforts extraordinaires en faveur du renforcement de la diplomatie et de la coopération internationales entre les peuples », selon le jury du prix à Oslo. Le premier Afro-Américain élu à la Maison-Blanche n'est pas récompensé pour des faits, mais pour l'espoir inouï qu'il a suscité aux États-Unis et dans le monde. Il a, c'est vrai, déjà fortement changé la politique étrangère américaine en optant pour une approche plus consensuelle et multilatérale. Dans les faits, rien n'est encore tangible. Bien sûr, la distinction salue aussi, en creux, le parcours hors norme d'un enfant élevé à Hawaï, fils d'un émigré kényan. Mais cette récompense hâtive n'est pas un cadeau pour Barack Obama. L'opposition de plus en plus rancunière a beau jeu de présenter le jeune dirigeant démocrate comme un homme de mots, de promesses mais d'inaction. Barack Obama a un charisme insolent, toutefois il est, comme tous les leaders du monde, soumis à l'épreuve du pouvoir. Et le temps qui passe lui donne parfois des allures d'homme hautain, voire professoral. Le charisme de la campagne électorale est toujours là mais il semble désormais corseté dans cette présidence et, finalement, peu à l'aise avec l'Amérique profonde.

En cette fin de l'année 2009, le slogan de campagne « Yes we can » n'est d'ailleurs plus à l'ordre du jour. Les partisans du président le remplacent par « Yes we still can ». Le fameux « Oui, nous le pouvons » s'efface au profit du moins flamboyant « Oui, nous le pouvons *encore* ». Toute la difficulté de passer d'une élection triomphale à l'épreuve du pouvoir résumée en un minuscule changement de formule. Dans ce *still* est contenue l'âpreté du combat de Barack Obama pour réformer l'Amérique et notamment son système de santé.

C'est la grande promesse du leader démocrate : permettre à un plus grand nombre d'Américains de bénéficier d'une couverture santé. C'est l'Obamacare, le surnom donné à l'Affordable Care Act, la loi sur les soins abordables. Cette loi prévoit d'obliger tous les citoyens à souscrire à une assurance santé auprès d'un assureur public ou privé. Ceux qui n'ont pas les moyens de payer reçoivent des aides fiscales de l'État. La réforme défendue par le camp démocrate prend sa source dans un constat : 16 % de la population américaine, soit 48,6 millions de personnes en 2009, n'ont pas d'assurance santé. Mais les opposants dénoncent un texte « socialiste », un gros mot aux États-Unis. Les républicains considèrent, entre autres, que c'est une intrusion inacceptable du gouvernement dans la vie des individus. Je comprends avec cette loi combien ce pays est divisé, avec d'un côté l'Amérique individualiste, qui déteste Washington DC et ses élites, et de l'autre l'Amérique qui pense en des termes plus mutualistes. Cette fracture conduira plus tard à l'élection de Donald Trump. Reviendra-t-il au pouvoir une fois ? La tentative d'assassinat contre lui le 13 juillet 2024 le transforme, aux yeux de ses partisans, en personnage mystifié. Mais le renoncement de Joe Biden, remplacé par Kamala Harris, redonne de l'espoir au camp démocrate. Nous décidons d'aller à la rencontre de ces Américains « sans soins », de jauger cette réalité. Et c'est un voyage où l'on patauge dans la grande misère au cœur du pays le plus riche du monde.

En juin 2012, je suis dans l'État du Kentucky. Nous avons survolé les montagnes des Appalaches avant d'atteindre la ville de Pikeville et ce parking situé devant un immense gymnase. À l'entrée du bâtiment, une file d'attente sans fin composée de personnes âgées, de jeunes, de handicapés, d'ouvriers, de mères de famille, d'hommes seuls, sans emploi ou à temps partiel. Plus de mille personnes patientent dans un silence pesant. Elles ont eu connaissance par la presse locale d'une opération ponctuelle de santé publique organisée par une association humanitaire. Nous souhaitons faire un reportage sur cet important dispositif. Les premiers patients sont arrivés à 3 heures du matin pour être certains de pouvoir consulter gratuitement un médecin ou un dentiste. Ces hommes, ces femmes et ces enfants n'ont aucune assurance santé. Ils sont incapables de payer leurs soins. C'est précisément pour eux que Barack Obama tente d'imposer sa nouvelle loi. Dans ce gymnase, et dans une école, des centaines de médecins et de dentistes vont les recevoir, les conseiller et extraire leurs dents si cela s'impose. C'est une sorte de corps expéditionnaire médical qui se déplace dans tout le pays.

Le Remote Area Medical Clinic Service a été créé par un ex-aventurier, ex-star de série télévisée : Stan Brock. L'un de ces philanthropes dont l'Amérique a le secret. Il pilote lui-même l'avion qui le transporte de ville en ville. Il organise une logistique faramineuse pour déplacer les médecins et les dentistes volontaires à chaque étape. Ces journées sont organisées seulement le samedi et le dimanche pour permettre le bénévolat des soignants. Stan Brock est infatigable. Son engagement est tel que les médias américains parlent régulièrement de cette incroyable caravane médicale. Ce qui participe à augmenter les contributions des donateurs, l'État ne finançant pas l'organisation. Elle se déplace des Appalaches à New York. Elle s'installe en quelques heures dans les gymnases, les stades, les salles de concert, les écoles. Les Américains sans assurance santé accourent dès qu'ils apprennent que la caravane est de passage dans leur localité. Elle soigne tous ceux qui se présentent. Aucun papier n'est exigé et tout est gratuit.

Ce matin-là, je choisis de suivre plus particulièrement une jeune femme. Elle a vingt-trois ans, elle est jolie. Elle attend avec sa mère dans la longue file d'attente. Je ne sais pas bien expliquer pourquoi je me dirige vers elle. Ce sont les grands mystères du hasard dans le métier de reporter. J'ignore combien ce qu'elle va vivre dans ce gymnase se révélera éprouvant. Je remarque assez vite qu'elle parle en prenant soin de ne surtout pas montrer ses dents. Nous lui demandons si elle accepte d'être filmée. Elle hésite beaucoup et finit par dire oui. Elle me dit qu'elle souffre depuis trop longtemps, qu'elle n'en peut plus. Elle est ici, dit-elle, pour qu'on lui enlève toutes ses dents ! Je remarque les ombres noires sur l'émail de ses dents, je me rends compte que toutes ses incisives et canines supérieures et inférieures sont cariées. Elle ne sourit jamais. Je comprends les souffrances physiques et psychologiques endurées par cette jeune femme brune, caissière dans un supermarché. Sans assurance santé, elle n'a pas les moyens de payer des frais dentaires.

Nous la suivons dans le gymnase. Aucune cabine individuelle n'a été installée, mais des fauteuils dentaires sont alignés par centaines. Un dentiste lui est attribué. Il l'examine et pose un diagnostic sans appel. La plupart des nerfs dentaires sont touchés : il faut extraire beaucoup de dents. « Vous pouvez bien enlever tout ce que vous voulez », dit-elle. La jeune femme est à bout, elle accepterait tout pour que son supplice cesse. Le dentiste choisit de n'extraire « que » douze dents.

Sa mère bienveillante tient sa main pendant que les dents sont enlevées. Elle pense avoir donné trop de soda sucré à son enfant quand elle était petite, cela expliquerait l'état de ses dents. C'est une illustration de l'Amérique pauvre qui se nourrit mal et souffre souvent d'obésité. Mais aucun embonpoint ne s'observe chez la jeune femme, qui s'alimente de moins en moins. Manger est désormais synonyme d'épreuve. Si fou que cela puisse paraître, alors que sa fille est allongée pour l'opération, la mère est heureuse d'avoir enfin trouvé une solution pour son enfant qui souffre depuis des années.

La jeune femme quitte les lieux groggy par les anesthésies. Nous ne posons, bien entendu, aucune question. Sa détresse est bouleversante. Elle n'a pas suffisamment d'argent pour envisager des implants dentaires ou même un simple dentier. Dans l'immédiat, elle souffrira moins. J'ai beaucoup de difficultés à croire que nous sommes vraiment aux États-Unis, le pays le plus riche de la planète. « Ce que l'on voit ici n'est pas plus reluisant que ce qui existe au Guatemala ou en Inde », nous dit Stan Brock. Ce jour-là, quinze cents dents sont extraites dans ce gymnase. Des centaines de lunettes de vue sont distribuées, des dizaines de mammographies réalisées. Stan Brock est décédé à l'âge de quatre-vingt-deux ans en 2018, son organisation lui a survécu.

Pendant mes cinq années de correspondance aux États-Unis, je vais découvrir ce système de santé, partiellement privatisé, qui peut se payer très cher. Un pays où toute prestation médicale s'achète et où les lois bioéthiques permettent, par exemple, moyennant espèces sonnantes et trébuchantes, de choisir son bébé sur mesure. Me voici désormais bien loin du Kentucky et de ses citoyens non assurés, dans une clinique chic de Los Angeles. J'écoute ces parents qui veulent absolument un garçon. Ils ont déjà quatre filles. Le Dr Steinberg va s'occuper de leur dossier. Vingt mille euros pour choisir le sexe de l'enfant à venir. Ce business parfaitement rodé fait la fortune de nombreuses cliniques aux États-Unis. Les clients viennent du monde entier, y compris de France où cette pratique est interdite. L'embryon est conçu en laboratoire. Après leur prélèvement, les ovules sont fécondés par le sperme du père, et enfin, seuls les embryons mâles ou femelles sont implantés chez la patiente, ou plutôt la cliente. Des bébés à la carte pour ces parents venus de l'Utah. Ils me racontent leur bonheur d'avoir désormais deux garçons. Nous quittons Los Angeles avec à l'esprit cette petite phrase : « Only in America ! »

En France, la gestation pour autrui (GPA) est interdite, mais, aux États-Unis, elle est autorisée dans certains États. Une femme peut ainsi porter un enfant pour un couple de parents d'« intention ». Le nourrisson leur sera remis à la naissance. Il n'existe pas de chiffres officiels sur le nombre d'enfants nés chaque année aux États-Unis par GPA. Il est estimé à plusieurs milliers par an. J'ai cette chance prodigieuse de pouvoir avoir des enfants. Et je comprends le sentiment d'injustice absolu ressenti par celles et ceux qui ne le peuvent pas, hétérosexuels ou homosexuels. Je m'interroge : combien sont-ils à se déplacer à l'étranger pour surpasser leurs difficultés et l'interdiction de la GPA en France ? Visiblement ils sont, chaque année, de plus en plus nombreux, mais il n'existe aucune statistique fiable sur ce point.

J'écoute ce couple hétérosexuel français qui a décidé de venir aux États-Unis pour contourner les lois de l'Hexagone. Ils sont mariés, elle est comptable, il est gendarme. Ils préfèrent parler à visage caché, puisque ce qu'ils font est légal de l'autre côté de l'Atlantique mais illégal en France. « Il ne faut pas être hypocrite, cela se fait aussi en France, mais sous le manteau », me dit le mari. Ils ont eu recours à l'une des trois cents agences spécialisées en GPA aux États-Unis. L'établissement qu'ils ont choisi en Floride, avec pignon sur rue, s'occupe de tout : il propose les mères porteuses sur catalogue. La devanture de l'agence donne le sentiment d'un commerce comme un autre. Les parents biologiques choisissent la mère porteuse qui leur convient, selon sa profession, sa situation familiale, son parcours… avant de la rencontrer une première fois. Notre couple français est déjà bien avancé dans ce long processus.

Un embryon a déjà été fécondé en laboratoire aux États-Unis à partir du sperme du futur père et de l'ovule de la mère biologique. Cet embryon a été implanté dans l'utérus de l'une des mères porteuses référencées dans le catalogue de l'agence. Nous la rencontrons dans une petite ville de Floride. Elle est élégante, elle appartient à cette classe moyenne américaine qui vit relativement confortablement. Son mari travaille, elle s'occupe de leurs enfants. Elle en a déjà trois, bien à elle. Et elle est enceinte de six mois pour le couple de Français.

Ce quatrième enfant à venir, elle considère qu'il n'est absolument pas le sien, puisque, me dit-elle, « il n'a pas été conçu avec mes ovules et le sperme de mon mari ». Nous la filmons quand elle fait ses courses au supermarché avec son gros ventre et sa petite tribu d'enfants. Quand elle accouchera dans une clinique privée, les parents biologiques français seront présents et l'enfant leur sera remis immédiatement. Elle n'aura aucun état d'âme, « bien au contraire », me dit-elle. Elle sera heureuse pour le couple français. Entre la FIV, la fécondation in vitro, les frais d'accouchements et les frais administratifs, ce bébé aura coûté 80 000 euros. Parfois plusieurs tentatives sont nécessaires, le coût peut donc être beaucoup plus important. La mère porteuse gagne pour sa part 1 700 euros par mois pour « prêter » son ventre.

« Quand j'ai rencontré ces parents français, dit-elle, j'ai eu envie de les aider. J'ai vu comment ils regardaient mes propres enfants et j'ai su que je pouvais faire cela pour eux. » Est-ce qu'elle fait cela pour l'argent ? « Non, me répond-elle, je le fais parce qu'ils n'ont pas de chance, contrairement à moi. » J'ai des doutes sur la sincérité de l'interview mais je ne me permets pas d'exprimer mon point de vue. Mon métier consiste à expliquer sans prendre parti. Notre reportage doit énoncer les faits et laisser le spectateur se forger sa propre opinion sur ces pratiques.

Je cherche une autre mère porteuse qui accepterait de témoigner. Je voudrais essayer de mieux comprendre les réelles motivations. Je rencontre une autre femme qui porte le bébé d'un couple canadien. Elle parle d'une décision altruiste, qui n'aurait rien à voir avec l'argent. Son mari approuve : « Quand la nature aura fait son travail, nous aurons ce cadeau à donner à ce couple. Il prendra la forme d'un être vivant qu'il n'aurait jamais eu autrement. » Les parents biologiques reçoivent un acte de naissance officiel et américain. En France, la loi du 2 août 2021, relative à la bioéthique, est en faveur de la transcription dans l'état civil français d'un enfant né par GPA à l'étranger. Mais cette reconnaissance reste un parcours juridique très complexe.

Et un jour l'affaire DSK surgit de nulle part. Je suis à table chez moi à Washington avec quelques amis pour dîner quand mon téléphone sonne. C'est un journaliste américain, vivant à New York. Je l'ai croisé sur un tournage, nous avons échangé nos numéros. Il me demande si je connais Dominique Strauss-Kahn. « Et pardi que je le connais ! C'est peut-être le prochain président français ! lui réponds-je. — Alors, me dit-il, tu ferais bien de t'intéresser à son arrestation à New York ! »

Double appel alors que je suis toujours en ligne avec lui : c'est la rédaction à Paris. Le ciel me tombe sur la tête, ainsi que sur celle des correspondants français présents aux États-Unis. Ce soir du 14 mai 2011 débute l'une des affaires judiciaires les plus fracassantes concernant un homme politique français à l'étranger. Je laisse mes convives en plan et je fonce au bureau. C'est un métier qui exige des amitiés solides, qui ne s'offusquent pas de vos disparitions soudaines. C'est la nuit en France, il faut préparer les matinales, c'est-à-dire les journaux du matin, que j'assurerai en direct de Washington où vit également Dominique Strauss-Kahn, puisqu'il est patron du FMI, le Fonds monétaire international.

Un deuxième journaliste de France Télévisions, correspondant comme moi, prend la route pour New York. Je n'arrive pas à y croire. Je téléphone à la terre entière : mes patrons, mes contacts locaux, mes confrères. J'écris mes sujets sous une pression que j'ai rarement vécue. Je connais parfaitement l'impact des mots. La France va se réveiller en entendant des centaines de journalistes expliquer que Dominique Strauss-Kahn est accusé d'agression sexuelle et de tentative de viol sur une femme de chambre. À ce moment précis, le destin de cet homme sera vraisemblablement scellé : il ne sera jamais président de la République française.

Ce matin-là, je l'avoue, je n'en mène pas large. Je suis sidérée par ces accusations qui auront un impact considérable sur la vie d'un homme politique qui était, peut-être, promis à un grand avenir. Je pense à son épouse, à ses enfants, et accessoirement à la République française. J'écris le plus sobrement possible. Il faut s'accrocher aux faits, et les faits sont les suivants : Dominique Strauss-Kahn, l'expatrié le plus célèbre de France, se trouve dans un commissariat de la 32e Rue à Manhattan. La police de New York a recueilli le témoignage d'une femme de chambre de l'hôtel Sofitel où séjournait Dominique Strauss-Kahn. Elle l'accuse d'agression sexuelle et de tentative de viol. Jamais je n'oublierai cette nuit du 14 au 15 mai 2011 à Washington DC, ce grand moment de solitude devant le micro quand il s'agit de raconter ce que personne n'a vu, mais ce dont la police de New York est convaincue. Dans la journée, Dominique Strauss-Kahn est inculpé de plusieurs chefs d'accusation dont ceux d'agression sexuelle, de séquestration et de tentative de viol.

Avant ce fameux soir, je l'ai rencontré à plusieurs reprises. Je l'ai interviewé dans son bureau du FMI, à Washington, et je suis allée couvrir certains de ses voyages en Amérique latine alors qu'il était patron de cette institution.

Nous sommes en mai 2010, un an avant le clash du Sofitel. Dominique Strauss-Kahn dirige donc le FMI. Cette institution internationale œuvre à la stabilité financière des États et prête des fonds en contrepartie de réformes aux pays en crise. Mais ce n'est pas vraiment ce qui passionne la France. En fait, une seule question hante alors les services politiques de toutes les rédactions de l'Hexagone : Dominique Strauss-Kahn sera-t-il candidat à l'Élysée ? Dans son bureau, devant notre caméra, il ne confirme pas, mais il ne nie pas qu'il puisse l'être. « Les élucubrations, me dit-il, je ne peux pas empêcher les gens d'en faire, mais je ne les commente pas. » Il me montre le portrait de son épouse, la célèbre journaliste Anne Sinclair, accroché sur l'un des murs de son bureau. Il explique que la photo date de l'année où elle a été choisie comme modèle pour représenter Marianne. Elle présentait alors *7 sur 7*, une émission très populaire à heure de grande écoute tous les dimanches. Ses pulls, ses yeux bleus, et surtout ses questions incisives sont entrés dans la légende. Dominique Strauss-Kahn a des accents de nounours amoureux. Il est très fier de sa femme quand il parle d'elle, ce jour-là, dans son bureau.

Je ne suis pas une journaliste spécialisée en politique intérieure, c'est peut-être pour cette raison que je n'ai jamais vraiment prêté attention aux rumeurs qui circulaient concernant son attitude avec les femmes. On en parle peu en Irak, en Iran ou en Haïti ! Avec moi et en présence de mon caméraman, il est courtois et distant. Je suis donc concentrée sur mon sujet. Ma mission est de réaliser le portrait du grand expert en économie, patron du FMI, et surtout potentiel candidat socialiste à la prochaine présidentielle. Bien sûr, il s'y prépare, mais n'en dit rien. Ne surtout pas se déclarer trop tôt. Il est parfaitement à l'abri à Washington, loin de l'excitation politique parisienne. Moins il en dit, plus sa cote monte dans les sondages. Il est largement favori, alors que Nicolas Sarkozy vit un moment d'impopularité. L'Amérique et le FMI, c'est l'exil idéal et en même temps le parfait tremplin. Une autre photo dans son bureau : il serre la main de Barack Obama. J'observe le cliché pendant que je parle avec Dominique Strauss-Kahn. Deux mêmes sourires conquérants d'hommes de pouvoir aussi brillants l'un que l'autre. Je découvrirai plus tard, lors du séisme du Sofitel, que ces deux-là n'étaient pas faits du même bois. Il me semble que Barack Obama ne se serait jamais fracassé sur une affaire sexuelle. Dominique Strauss-Kahn s'y enfonce avec ce qui apparaît comme une stupéfiante légèreté.

Le siège du FMI à Washington DC ressemble un peu à une caserne mondiale de pompiers. Cent quatre-vingt-neuf pays y sont représentés et ont tous un même droit : celui d'appeler au secours le pompier en chef, Dominique Strauss-Kahn, dont la spécialité est l'extinction des incendies économiques majeurs. Le patron du FMI me dit, très sérieusement, sûr de lui, parfaitement ancré dans le fauteuil de son bureau, qu'il est totalement concentré sur sa tâche. Mes questions sur sa candidature me valent cette réponse qui, rétrospectivement, ne manque pas de sel : « Il n'y a pas de distraction possible. »

Quelques jours plus tard, je l'accompagne avec l'un des JRI du bureau en tournée en Amérique latine. Il embarque, en majesté, dans un Falcon affrété par le FMI. Son épouse fait partie de la délégation, de même qu'une poignée de collaborateurs. Anne Sinclair voyage souvent avec son mari. Nous prenons place à leur côté. C'est un avion très confortable. Nous aurons tout le temps de bavarder. C'est parfait pour notre reportage. Nous nous rendons au Brésil, au Pérou et enfin en Colombie. Dans l'avion au design élégant et aux fauteuils de cuir, c'est la grande décontraction. Quand la caméra ne tourne pas, les époux Strauss-Kahn ne cachent pas leur amusement d'être l'objet de tant de spéculations politiques en France. Ils montrent une grande complicité. Elle en rit sincèrement, il a un petit sourire en coin. « Tout le monde s'en fout en Amérique latine », me dit-elle. Mais s'ils acceptent notre présence, c'est bien pour préparer la suite. Montrer un Dominique Strauss-Kahn à tu et à toi avec tous les dirigeants de ce monde. Le voir en voyage avec sa magnifique et intelligente épouse, icône du journalisme. Asseoir l'image d'un homme serein qui travaille de l'autre côté de l'Atlantique, loin du marigot politique parisien. Il ne doute pas de lui.

« C'est une fonction unique d'être patron du FMI, ce n'est pas un métier. Mais cette fonction requiert une expertise économique et une expérience politique, et, voyez-vous, je combine ces deux aspects. Je dis cela en toute humilité. » DSK, roi du monde, courtisé, et visiblement heureux. Plus violente sera la chute.

Mais pour l'instant le voici qui plaisante avec Alan García, le président du Pérou. Le Falcon a atterri à minuit à Lima. Courte nuit de sommeil et rendez-vous à 8 heures au palais présidentiel entre les deux leaders d'humeur joviale. Il faut dire que les temps ont bien changé au Pérou. En cette année 2010, ce pays affiche d'« excellents résultats », affirme Dominique Strauss-Kahn. Et il poursuit : « Quand un pays connaît 70 % de croissance comme le Pérou, quand les politiques sont bonnes en matière politique et monétaire, que peut-on demander de plus ? » Pourtant, ce pays revient de loin. Quelques années auparavant, en 2007, le Pérou manifestait en masse contre le plan de rigueur et les réformes recommandés par le FMI. C'est du passé. Dominique Strauss-Kahn est satisfait, il se contente ici désormais d'apporter ses conseils. Comme le Brésil, ce pays attend du dirigeant venu de Washington qu'il tienne ses promesses. Celles de donner aux pays émergents une meilleure représentation au sein du FMI. Le professeur Strauss-Kahn voudrait d'ailleurs convaincre qu'il ne dirige pas une organisation à la solde des pays riches. Dans chaque pays visité, il répond aux questions d'étudiants dans une université et tente de changer l'image du FMI. Dominique Strauss-Kahn rode son discours auprès des jeunes générations. Je l'observe ferrailler et débattre avec appétit, et je sais combien il pense aux autres empoignades politiques à venir… en France.

Mais il n'y aura jamais de duel Sarkozy contre Strauss-Kahn. Ce 15 mai 2011, il est 23 heures à New York, 5 heures du matin à Paris. Le prévenu Dominique Strauss-Kahn sort menotté, mains dans le dos, d'un commissariat de police de Harlem. Devant lui, deux cents représentants de la presse, des journalistes, des caméramans, des photographes. C'est le fameux *perp walk*, une tradition et un moment de la procédure judiciaire auquel personne n'échappe outre-Atlantique.

Le mot *perp* est une abréviation de *perpetrator*, l'auteur soupçonné d'un crime. Dominique Strauss-Kahn est donc soumis à la « marche de celui qui a commis un crime ». Il défile à visage découvert, il est présenté aux médias. La France découvre, interloquée, l'humiliation publique à l'américaine. Je ne suis pas surprise. J'ai vu, quelques mois plus tôt, des prisonnières en pyjama de bagnard rayé sur les routes de l'État de l'Arizona avec des chaînes aux pieds. Nous réalisons un reportage sur cette exposition publique des détenues exigée par le shérif du comté. Les prisonnières travaillent au nettoyage des routes et ont interdiction de lever le regard. Ce ne sont pas de dangereuses criminelles, elles ont été condamnées à des peines de moins d'un an de prison, parfois pour conduite en état d'ivresse ou possession de drogue. Tous les jours, elles sont exposées à l'extérieur de la prison. « Ça leur passera l'envie de recommencer », me lance le shérif.

C'est exactement ce que fait la police de New York avec DSK, comme elle le fait d'ailleurs avec tous les prévenus, anonymes ou célèbres, au mépris de la présomption d'innocence. Les journaux américains, passionnés par cette affaire « si française », se moqueront de nos concitoyens offusqués par cette procédure.

Dominique Strauss-Kahn plaide non coupable et nie toute agression sexuelle, toute séquestration et toute tentative de viol. Il évoquera plus tard, de retour en France, « une relation inappropriée » avec Nafissatou Diallo dans la chambre d'hôtel numéro 2806. Il regrettera « une faute vis-à-vis de ma femme, de ma famille, de mes amis, mais aussi des Français ». En attendant, il risque des années de prison et demande, une nouvelle fois, une liberté conditionnelle devant la Cour suprême de New York. Le 19 mai, c'est la première fois qu'Anne Sinclair fait une apparition publique. Elle arrive devant le tribunal de New York, tête haute, regard droit, sans lunettes de soleil, au bras de la plus jeune fille de Dominique Strauss-Kahn. Elles sont accueillies par des dizaines de journalistes, de caméras et de photographes. J'ai honte d'être là, à l'affût des mots de la femme bafouée. Mais je fais le job. Ce travail n'est pas toujours reluisant. Bien sûr, Anne Sinclair ne fait aucune déclaration et s'engouffre dans l'imposant bâtiment. Sa venue est parfaitement pensée, orchestrée par les communicants et les avocats de Dominique Strauss-Kahn, même si cela n'est possible qu'avec son consentement.

Je comprends parfaitement bien l'enjeu car j'ai couvert, treize ans auparavant, l'affaire Clinton-Lewinsky. En 1998, je suis déjà en poste à Washington. Je suis correspondante «junior» pour un an. Je seconde le correspondant permanent. Je suis donc sur place quand les États-Unis découvrent que leur président a eu une relation sexuelle avec une stagiaire de la Maison-Blanche. Il nie puis reconnaît la liaison. La tragi-comédie va tenir le pays en haleine pendant des mois. Je n'oublierai jamais les rangées de journalistes venus des cinq continents commentant, le plus sérieusement du monde, cette relation sexuelle assez inventive. Je suis, moi aussi, à la Maison-Blanche et j'évoque le cigare utilisé par Bill Clinton pour donner du plaisir à la jeune stagiaire. Je m'entends parler et me demande si tout cela n'est pas une énorme farce. Non, c'est tellement sérieux que le président risque la destitution. Finalement, Bill Clinton est en quelque sorte sauvé par sa femme Hillary. Elle ne le lâche pas, se tient à son côté, et lui pardonne son infidélité. Ce pardon permet à Bill Clinton de se racheter une moralité vis-à-vis de ses concitoyens. C'est une tradition de la politique américaine : quand un mari volage est dans la tourmente, son épouse le soutient, au moins publiquement. Le Congrès ne vote finalement pas la destitution du président.

Dans «l'affaire DSK», les avocats de l'accusé pensent manifestement que le juge sera peut-être plus enclin à la clémence si son épouse est dans la salle. C'est en tout cas le sens de sa décision :

le juge accepte la libération sous condition. Une garantie de 5 millions de dollars doit être déposée. Dominique Strauss-Kahn est assigné à résidence vingt-quatre heures sur vingt-quatre. Il ne peut quitter son domicile que pour des audiences pénales, des rencontres avec ses avocats ou des rendez-vous médicaux. Il doit porter un bracelet électronique.

Et voici donc la presse française et la presse du monde entier devant une maison cossue du quartier chic de Tribeca louée par Anne Sinclair. Nous organisons des planques devant le 153, Franklin Street. C'est la partie sombre du métier. Quand il faut épier les va-et-vient, courir derrière une personne qui fuit la caméra, mettre les pieds dans les portes. Je déteste mais j'assume. Il n'y a pas d'un côté la presse noble et de l'autre les soutiers de l'information. Dominique Strauss-Kahn allait peut-être devenir président de la République française, de lourdes accusations pèsent sur lui, il est légitime d'essayer d'obtenir un mot de lui. Son épouse le soutient par sa seule présence. Il est normal de tenter de lui parler à elle aussi. Mais les longues heures de planque devant la maison de Tribeca ne sont pas mes meilleurs souvenirs de journalisme.

Quelques semaines plus tard, c'est le coup de théâtre. Le témoignage de la plaignante est discrédité. Le procureur estime que les poursuites contre Dominique Strauss-Kahn sont désormais impossibles. Il relate des « mensonges » de la femme de chambre. Elle aurait donné trois versions différentes des minutes ayant suivi son agression présumée. Elle aurait donc « menti » sous serment devant un grand jury. Elle a aussi menti dans le passé, ajoute le procureur. Selon lui, elle a affirmé avoir été violée dans son pays d'origine, en Guinée, ce qui lui aurait permis d'obtenir l'asile aux États-Unis. Et elle aurait admis que ce viol en Guinée était une invention. Stupéfiant dénouement qui met fin à la procédure pénale. Dominique Strauss-Kahn est un homme libre. Nafissatou Diallo avait aussi porté plainte au civil devant un tribunal du Bronx. Un accord financier confidentiel et longuement négocié entre les deux parties met fin à ces poursuites. Nafissatou Diallo reçoit une substantielle somme d'argent de la part de Dominique Strauss-Kahn. C'est un dénouement très fréquent aux États-Unis. Ce n'est pas un aveu de culpabilité, mais cela évite en tout état de cause un procès long et coûteux à l'issue incertaine.

Quand je parle maintenant de cette affaire, en reportage, avec les Français que je croise, ils me disent souvent que tout cela était un complot ourdi contre Dominique Strauss-Kahn. Je réponds que je n'ai aucune certitude sur cette affaire. Nafissatou Diallo était-elle consentante lors de ce bref rapport sexuel ? Le procureur n'a pas réussi à répondre à cette interrogation. Dans une ère post-MeToo, Nafissatou Diallo aurait-elle été écoutée différemment ? La justice aurait pu éventuellement mettre sur le compte de l'émotion ses différentes versions des faits. Cela n'aurait peut-être rien changé, mais la question est légitime. J'ai toujours pensé que DSK ne voulait manifestement pas être candidat puisqu'il s'est mis en danger. S'il est tombé dans un traquenard, comment cet homme si averti ne l'a-t-il pas vu venir ? Quand je lui posais la question de sa candidature avant le tsunami du Sofitel, il ne répondait pas, parce que, au fond de lui, il ne la souhaitait pas, même s'il ne s'en rendait pas compte. Il savait peut-être aussi que son libertinage le rattraperait, un jour ou l'autre, pendant sa campagne, s'il se déclarait candidat. Ou pendant son mandat, s'il avait gagné la présidentielle.

Les cartes sont rebattues et la présidentielle française de 2012 sens dessus dessous. Nicolas Sarkozy s'apprêtait à affronter Dominique Strauss-Kahn, il va falloir désormais compter avec François Hollande. Les sondages donnent le candidat socialiste favori, il gagne la primaire de son parti et remporte l'élection le 6 mai 2012. Je suis toujours en poste à Washington quand il participe au G8 aux États-Unis. À cette époque, la Russie en fait toujours partie. C'est le premier sommet international de François Hollande en tant que président français. Pour le dîner d'ouverture, il est le seul à se présenter avec cravate à Camp David, dans l'État du Maryland, où les dirigeants sont réunis. C'est la résidence de villégiature officielle des présidents américains. C'est une réunion qui se veut parfois décontractée, le *dress code* est donc de ne pas s'embarrasser de cravate. J'entends Barack Obama taquiner le nouveau président français sur ce point quand il le voit arriver dûment cravaté. « C'est pour ma presse, lui dit François Hollande. — Pour ta presse, il faut que tu présentes bien », rétorque Obama avec son légendaire large sourire. Le président français finit par ôter sa cravate. La veille, François Hollande est reçu à la Maison-Blanche. Barack Obama plaisante là aussi, mais cette fois, c'est à propos du scooter que le leader français apprécie mais « dont il ne pourra plus se servir ». « Je le sais, car ici les services de protection me l'interdisent », dit le président américain. Une petite phrase qui ne manque pas de sel quand on connaît les déboires de scooter à venir du président français.

Pour ce voyage, François Hollande est accompagné de sa compagne, la journaliste Valérie Trierweiler. Cette union libre du couple présidentiel français est beaucoup commentée dans la presse américaine et dans la rue. « Ce serait impensable chez nous », me dit la charmante voisine de mon quartier. Elle est mariée et me demande si ce non-mariage me gêne. Non, cela ne me pose aucun problème. « Décidément, me dit-elle, vous les Français, vous ne faites rien comme les autres. » Je ne le sais pas encore, mais je vais avoir l'occasion de beaucoup voir le président français.

En août 2014, nous quittons les États-Unis pour rejoindre Paris. Après cinq années de correspondance à Washington, je suis rappelée à la rédaction pour une nouvelle fonction. Je ne l'ai pas vraiment choisie, mais j'accepte avec enthousiasme. Je vais sortir de ma zone de confort. Je vais être chargée du suivi de l'Élysée en duo avec un autre journaliste rompu à ce poste. J'aurais aimé poursuivre plus longuement ma mission aux États-Unis, mais ce n'est pas la règle. Ces postes n'appartiennent à personne. Il faut laisser la place, c'est le jeu et c'est assez juste. Il faut garder une certaine capacité d'étonnement. Si vous restez trop longtemps quelque part, vous la perdez. Nous faisons nos valises, et quittons ce pays avec nos enfants qui ne sont plus du tout des bébés.

Chapitre 10

Merci pour ce moment à l'Élysée
Paris, 2014-2017

Quand je commence à couvrir les actualités de la présidence de la République en août 2014, François Hollande s'apprête à faire « rentrer le loup dans sa bergerie ». Un ami du président me parle, en ces termes, d'Emmanuel Macron, le jour même de sa nomination comme ministre de l'Économie, de l'Industrie et du Numérique. Je ne me rends pas compte, à ce moment-là, de la pertinence de cette phrase. Personne n'imagine un instant, sauf cet éléphant du Parti socialiste, combien la météorite Macron va tout avaler sur son passage.

Juste avant cette nomination, en ce mois d'août 2014, je me retrouve à Mamoudzou, à Mayotte. Le 101e département français, situé dans l'océan Indien, accueille le président. Je découvre les joies d'un nouveau concept pour moi : celui du VO, le « Voyage officiel ». Le chef de l'État se déplace suivi d'une cohorte de policiers et de gendarmes, de conseillers, de personnalités et de journalistes. Je sens dès la première minute que tout cela va me déplaire. Sur le fond, c'est très intéressant, sur la forme, c'est un cauchemar. Il est impossible de sortir du cadre imposé par le rythme effréné de ces voyages éclair. Il faut négocier quand un conseiller ou une conseillère en communication du président vous demande de vous placer à un endroit précis, et pas deux mètres plus loin, pour filmer telle séquence. Il est de bon ton de ne pas se fâcher quand ce même conseiller (ou cette même conseillère) regarde dans le viseur de la caméra si le cadre choisi par le JRI lui convient. Je n'ai pas l'habitude, c'est le moins que l'on puisse dire, d'être aussi contrainte. J'ai même un peu tendance à faire tout le contraire : si on me demande de reculer, j'avance, réflexe de base de reporter. Je dois donc composer et je suis parfois exaspérée par la lourdeur de ces déplacements. Je m'aperçois, avec le recul, que je garde très peu de souvenirs forts de ces voyages officiels dans les pas de François Hollande. L'Irak, l'Inde, les Philippines, le Canada, la Polynésie, les Émirats arabes unis… j'en oublie. Cela n'a rien à voir avec la personnalité du président. Je pense que j'aurais ressenti la même chose avec un autre chef d'État français. Le contexte, c'est-à-dire la quasi-impossibilité de parler aux « vraies » gens vivant dans le pays ou le département visité, faute de temps, explique cette sensation de vide qui demeure aujourd'hui.

Pour ce qui est de Mamoudzou, préfecture du département de Mayotte, je me souviens d'un déluge insensé en pleine saison sèche ! Magie de l'océan Indien : lorsque François Hollande commence son dernier bain de foule, le soleil est revenu… pour une fois. Il est acclamé malgré un contexte social tendu et explosif sur l'île lié au chômage, à l'illettrisme, à l'insécurité et à la pression migratoire. Une situation qui est d'ailleurs toujours aussi éruptive aujourd'hui avec, par exemple, des cas de choléra dans la population. L'accueil accordé à François Hollande est sans conteste chaleureux. C'est un répit bienvenu pour un chef de l'État malmené par les sondages. Les Français disent majoritairement ne plus faire confiance au gouvernement, avec Manuel Valls pour Premier ministre, pour relancer l'emploi et la croissance. Le tandem Hollande-Valls vit une très difficile rentrée politique.

Avant de reprendre l'avion pour Paris, François Hollande décide de parler un long moment « en off » aux journalistes. La presse est tout à fait coutumière de cette pratique. Le grand public l'est peut-être un peu moins. L'expression vient de l'expression anglaise *off the record*, avec pour traduction littérale « en dehors du micro ». En bref, la conversation est à garder pour nous. Les journalistes peuvent utiliser les propos, mais n'en dévoilent pas l'auteur. Nous voici donc rassemblés dans une salle exiguë. François Hollande, en majesté, mais au coude-à-coude avec les journalistes. C'est un exercice de communication pur jus, même si cela donne l'apparence d'une conversation à bâtons rompus. François Hollande entend montrer que les critiques dont il fait l'objet glissent sur lui. J'observe la scénographie. Pas de caméra, pas de micro, et un président soucieux de convaincre de son absolu sang-froid dans l'adversité.

Contrairement à beaucoup de mes confrères présents ce jour-là, je ne connais pas bien François Hollande. Je n'ai pas suivi sa campagne en 2012 puisque j'étais en poste aux États-Unis. La plupart des autres journalistes ont accompagné cette marche vers le pouvoir : la primaire socialiste de 2011, les meetings de campagne, les discours, les déplacements de ville en ville, la qualification pour le second tour de l'élection présidentielle contre Nicolas Sarkozy et enfin la victoire finale. Tout cela crée des liens, évidemment. Dans les rédactions, les journalistes qui ont suivi le candidat gagnant se retrouvent souvent chargés du suivi de l'Élysée. Ce n'est pas mon cas. Je peux toujours me targuer d'avoir suivi la deuxième campagne de Barack Obama, mais cela ne m'aide pas vraiment et j'aborde ce nouveau poste avec crainte et humilité. En revanche, j'ai une chance inespérée : François Hollande aime la presse. Cela lui nuira à l'avenir, mais dans l'immédiat cela m'aide.

Ma consœur de France 2 que je remplace à ce poste est une de ces journalistes des premières heures de l'ascension du président. Avant ce voyage, à Mayotte, elle a l'élégance d'organiser pour moi un rendez-vous avec François Hollande dans son bureau à l'Élysée. Je le rencontre une première fois avec elle et en présence de son conseiller en communication Gaspard Gantzer. Je me souviens d'avoir passé des heures à travailler sur tous les dossiers du moment, dont le fameux pacte de responsabilité, pour préparer ce rendez-vous. Selon ce pacte, les entreprises auraient moins de charges sur le travail, moins de contraintes sur leurs activités, elles seraient plus compétitives et, en contrepartie, elles devraient embaucher plus. Il marque le début du virage social-libéral du gouvernement. En fin de compte, nous évoquons surtout les États-Unis et Barack Obama.

Quelques autres rendez-vous informels, dans le bureau du chef de l'État, suivront au fil des trois années suivantes. C'est un rituel immuable avec huissier dans l'antichambre, le bruit du parquet qui grince et la lourde porte qui s'ouvre sur le bureau du chef de l'État. Je prends des notes, elles nourrissent mes reportages et mes directs. Il arrive aussi à ce président d'accepter de me rappeler sur mon téléphone portable.

Un jour, mon téléphone sonne alors que je passe l'aspirateur chez moi. Je ne travaille pas ce jour-là, les enfants ne sont pas à l'école et courent dans l'appartement. Je n'entends pas l'appel, mais je vois les deux lettres FH qui s'affichent. FH pour François Hollande dans mon répertoire. Je cesse mon ménage illico et demande à mes deux garçons de ne plus faire de bruit. François Hollande me détaille une mesure économique. Il veut être concret. Je suis là, avec mon aspirateur à la main et mes deux enfants en apnée.

S'il prend ce temps pour moi, cela suppose qu'il le fait aussi pour certains de mes confrères et certaines de mes consœurs. Et encore plus pour celles et ceux qu'il connaît bien. Je suis surprise qu'il dégage ces minutes précieuses de son emploi du temps de chef d'État. D'ailleurs, ce souhait de s'adresser directement aux journalistes lui nuira. Il rencontre soixante et une fois, pendant son mandat, sans conseillers, les journalistes du journal *Le Monde* Gérard Davet et Fabrice Lhomme. La sortie de leur livre de confidences, en 2016, *Un président ne devrait pas dire ça*[1], est une onde de choc. L'ouvrage dévastateur banalise la parole présidentielle sept mois avant l'élection. Un fiasco absolu, même si un proche du président m'explique, en vain, que parler aux journalistes est un exercice démocratique.

Dans l'immédiat, en cette fin du mois d'août 2014, Arnaud Montebourg, ministre de l'Économie, franchit une ligne jaune. La figure clé du gouvernement Valls fait le show lors de la Fête de la rose, à Frangy-en-Bresse. Il critique ouvertement, et sous les applaudissements, « la politique d'austérité du gouvernement », auquel il appartient pourtant. Il assume, toujours sous les applaudissements, avoir demandé à François Hollande « une inflexion majeure de notre politique économique ». Comme le frondeur Benoît Hamon, ministre de l'Éducation, lui aussi présent,

1. Paris, Stock, 2016.

il demande une politique favorisant plus de pouvoir d'achat pour les ménages. Ils veulent redistribuer les 50 milliards d'économie sur trois ans annoncés par Manuel Valls. En matière de solidarité gouvernementale, on a vu mieux. Manuel Valls et François Hollande ne laissent pas passer cette incartade publique. Cette fois, le sort du trublion Montebourg est scellé. Il doit quitter le gouvernement. Large remaniement ministériel et arrivée de la comète Macron au ministère de l'Économie. Il finira, lui aussi, par se détourner de François Hollande, une forme de trahison qui conduira l'ex-banquier au pouvoir.

Puis une nouvelle catastrophe s'abat sur François Hollande. Après la une « scooteresque » et cauchemardesque du journal *Closer* révélant sa liaison avec Julie Gayet au tout début de l'année 2014, voici, neuf mois plus tard, la vengeance froide de la femme trompée, Valérie Trierweiler. Son livre *Merci pour ce moment*[1] a été écrit et imprimé dans le plus grand secret. C'est la bombe de cette rentrée littéraire. Un brûlot anti-Hollande dans lequel il est décrit comme un homme froid, cynique, menteur et capable de railler les pauvres.

Le hasard veut que la veille de la sortie de ce livre choc, le 3 septembre, je me trouve à l'Élysée. J'y suis assez tôt le matin, le soleil se lève sur la cour d'honneur. C'est magnifique et désert. Nous

1. Paris, Les Arènes, 2014.

débutons un tournage sur le couple Hollande-Valls, la mécanique de cet exécutif. Avec cette question : ce tandem censé travailler en harmonie et parfaite loyauté s'emploie-t-il à cacher ses rivalités ? François Hollande et Manuel Valls se voient trois à quatre fois par semaine et systématiquement le mercredi avant le Conseil des ministres. Les huissiers de permanence attendent donc l'arrivée du Premier ministre comme chaque mercredi matin. Je suis convaincue que le tournage va être annulé sur décision du service de presse de l'Élysée. La publication des extraits du livre est de toutes les conversations, et moi je suis au cœur du réacteur, on va forcément nous faire déguerpir, et vite. Mais personne ne s'occupe de nous. Avec le recul, je me dis que les conseillers du président, tous tétanisés, nous ont oubliés.

Manuel Valls se présente, parfaitement ponctuel. Habituellement, les journalistes restent au pied de l'escalier du salon Murat, première pièce que le visiteur découvre en entrant à l'Élysée. Ce jour-là, nous montons, nous aussi. Je pose une première question anodine sur l'équilibre du pouvoir entre lui et le président. « Nous formons un tandem, me répond-il, le président est le premier de ce tandem. » La réponse est on ne peut plus consensuelle. Mais nos yeux, les miens comme les siens, sont attirés par les quotidiens du jour soigneusement alignés dans l'antichambre du bureau présidentiel. Je lui demande s'il a eu le temps de lire la presse. Il me fusille du regard. Je perçois un certain mépris dans ses yeux. Allez-vous oser

Je cherche une solution, je parle avec tous les pilotes. Il faut insister mais pas trop lourdement. Ne pas devenir une insupportable journaliste française qui veut absolument embarquer. C'est tout le dilemme: convaincre de l'utilité de nous emmener pour que nous puissions témoigner du drame, et dans le même temps, montrer que nous sommes bien conscients qu'apporter l'aide internationale est crucial. La place est comptée dans les hélicoptères, laisser monter des journalistes signifie moins d'espace pour les cartons d'aide. Je m'inquiète beaucoup, mais je patiente. Quelques autres journalistes venus du monde entier font face aux mêmes difficultés. Dans ce métier de terrain et de reportage d'actualité, l'enjeu est tout de même d'arriver le premier, et surtout pas le dernier. Cela peut sembler difficile à comprendre pour nos téléspectateurs: ce besoin d'y être au plus vite, alors qu'il s'agit de parler de morts et de malheur. Mais c'est le propre du journal télévisé: être au plus près de l'actualité, et surtout être capable d'envoyer un reportage pour le journal du jour, pas celui du lendemain. Souvent, les téléspectateurs me demandent pourquoi je ne fais pas de documentaires, des formats plus longs. Cela me permettrait, entre autres, de moins courir après le temps, de sortir de la «machine à laver» de l'actualité immédiate. C'est vrai. D'ailleurs j'ai réalisé plusieurs magazines pour l'émission *Envoyé spécial*: le reportage en Inde que j'ai évoqué précédemment, mais aussi une immersion dans un centre aidant les malades à sortir de leur addiction à l'alcool, ou encore le portrait d'une école située dans un quartier défavorisé du Bronx à New York. Il y eut ainsi de nombreux autres grands formats. Ce fut une riche expérience chaque fois. Mais j'ai définitivement et à jamais la passion de l'actualité. Malgré le temps qui passe, elle ne m'a pas quittée. Je me lève le matin chez moi en me disant que je vais peut-être couvrir le jour même un événement incroyable en France ou ailleurs dans le monde. Cette inconnue-là est une forme d'addiction. Pour de nombreuses personnes, ce serait intenable. Pour moi, c'est toute la grandeur, la magie, de ce métier imprévisible. Alors, bien sûr, pour la vie de famille, pour les enfants, pour les dîners prévus de longue date, ou les week-ends réservés au bord de la mer, ce n'est pas toujours simple. Mais revenons à Banda Aceh où je cherche toujours des places dans un hélicoptère.

Je finis, après plusieurs heures de négociations, par trouver un pilote américain qui accepte de nous embarquer. Nous nous faisons le plus petits possible entre les colis d'aide humanitaire. Je pense à ce qui nous attend. Je sais qu'il va falloir s'accrocher. Je suis malade dans l'appareil, je vomis en permanence. Les turbulences sont fréquentes. J'essaie de faire bonne figure, mais mon teint livide ne trompe personne. Je me dis que le pilote va me prendre pour une pauvre petite chose qui ne supporte même pas un vol un peu tourmenté. C'est bien la peine d'avoir tant insisté pour se retrouver à l'agonie dans les airs ! Personne ne dit rien. Je prends mon mal en patience. Il y a bien un moment où ce satané hélicoptère va atterrir !

me pousser vers ce sujet intime et trivial alors que je gouverne la France ? Ce n'est pas la phrase qu'il prononce mais la façon dont j'interprète ce regard d'acier. Il ne répond pas et se détourne. Je comprends que si je poursuis sur ce terrain glissant, les huissiers vont recevoir l'ordre de nous diriger aimablement vers la sortie.

La porte du salon doré s'ouvre, c'est le bureau de François Hollande. Le chef de l'État est directif et très tendu. Il salue notre équipe machinalement, comme si nous étions transparents, cosmétiques. Ce qui n'est pas habituel chez lui. Il conduit Manuel Valls vers une table de travail ovale en verre et non vers son bureau Louis XV. Les deux hommes se tutoient et commencent la préparation du Conseil des ministres qui va suivre. Il règne dans cette pièce une tension que je n'ai jamais oubliée. Nous sommes quatre : le président, son Premier ministre, un JRI et moi-même. Nous pensons tous au livre, à la déflagration qu'il représente dans l'immédiat, au succès de librairie qu'il va forcément devenir. Au monticule d'argent du sommet duquel la femme blessée contemplera l'étendue de sa vengeance. François Hollande a la voix blanche, le teint livide. Sa colère rentrée est parfaitement visible. Je regarde cet homme politique, devenu chef d'État, mordre la poussière et se fracasser sur les écrits d'une compagne qui s'est sentie humiliée. Comment peut-il se retrouver dans cette nasse gluante et vengeresse ? En sortant, j'observe le ballet immuable des garçons de vestibule. Ils préparent la table du Conseil des ministres. Les chevalets portant le nom de chaque ministre sont posés au cordeau. Les éloignements entre chaque chevalet sont soigneusement mesurés. « Nous sommes la première maison de France, me dit l'un de ces hommes, nous devons faire un travail remarquable. » L'excellence française d'un côté et, dans le bureau du président, la catastrophe personnelle.

Le lendemain, le président se rend au sommet de l'OTAN à Newport, au pays de Galles. C'est l'un de ces fameux voyages officiels du président. Ce déplacement, contrairement à certains autres, est resté dans ma mémoire. Je me trouve dans la pièce exiguë où a lieu la conférence de presse de François Hollande à la fin du sommet, le vendredi 5 septembre. L'Ukraine et la Russie sont déjà, en 2014, au centre des préoccupations internationales, de même que les djihadistes de l'islam radical en Irak et en Syrie. Dans une autre configuration, ce sont ces graves sujets qui auraient été au cœur des conversations. Mais le livre écrase tout. Le chef de l'État n'esquive pas la question légitime des journalistes sur cet ouvrage. Il veut parler et se défendre. C'est l'homme blessé qui répond à son tour. Ce moment est capital pour qu'il reprenne la main. Je perçois la même voix blanche que la veille dans son bureau, et une émotion rarement vue chez lui.

Il répond à cette question posée par un confrère français : « Certaines révélations dégradent de façon irrémédiable votre crédibilité et la fonction présidentielle [...] pouvez-vous finir votre mandat ? » Un long silence pesant suit la question. François Hollande regarde ses notes. Ce qui est rarissime chez lui. Sa voix est nouée, son ton est tout à la fois accablé, ferme et comme endeuillé. Il revient sur le fameux passage du livre sur les « sans-dents », une expression concernant les défavorisés, et que Valérie Trierweiler prête au président dans son livre. Ce passage laisse supposer que François Hollande mépriserait les pauvres. Sa réponse, dans cette salle de presse, est un plaidoyer politique et personnel : « Je n'accepterai jamais, je dis bien, jamais, que puisse être mis en cause ce qui est l'engagement de toute ma vie. [...] Je ne vais pas laisser mettre en cause le concept de la relation humaine que j'ai avec les plus fragiles, les plus modestes, les plus humbles, les plus pauvres. Car je suis à leur service, car c'est ma raison d'être, tout simplement ma raison d'être. »

Le passage du livre sur les « sans-dents » ressemble à un coup de poignard aux allures de tentative d'assassinat politique. Nous ne saurons jamais si le président avait oui ou non l'habitude d'utiliser cette terrible expression. Vrai ou faux ? C'est la parole de la femme trompée contre celle du président de la République. La question sur son impopularité, qui atteint des records, et le fait qu'il pourrait ne pas finir son mandat, l'accable. Il rétorque qu'« il n'y a pas de sondages qui puissent interrompre un mandat donné par le peuple ». Le livre s'est vendu à plus de six cent mille exemplaires. C'est l'un des best-sellers de l'année 2014.

Le 7 janvier 2015, une inimaginable scène de guerre se produit en plein cœur de la capitale. Des tirs nourris à l'arme automatique retentissent dans le XIe arrondissement. François Hollande est dans son bureau à l'Élysée. Un collaborateur le prévient que le médecin urgentiste Patrick Pelloux cherche à le joindre. Il vient d'appeler le standard de l'Élysée. Les deux hommes se connaissent bien. Le chef d'État le rappelle sur-le-champ. « Je voulais te le dire, ils sont tous morts », dit le médecin au président. Patrick Pelloux, voix chevrotante, parle des douze personnes froidement abattues au fusil d'assaut dans et devant les locaux de *Charlie Hebdo*. Des membres du personnel du journal satirique dont des journalistes, des dessinateurs, un policier chargé de la protection de Charb, directeur de la publication, et un autre policier en faction devant le bâtiment viennent d'être assassinés. Onze personnes sont blessées, dont le journaliste Philippe Lançon, gravement touché au visage. François Hollande comprend immédiatement le drame absolu et le symbole que représente l'attaque de ce journal engagé dans la liberté d'expression, y compris sur les sujets les plus sensibles. Il répond au médecin : « J'arrive tout de suite. »

L'attaque du commando a duré moins de dix minutes. Les assaillants sont en fuite. Cette tuerie n'est que le début de trois jours d'attaques coordonnées.

Dix-sept victimes sont tuées entre le 7 et le 9 janvier, dont quatre personnes de confession juive abattues dans une épicerie casher située porte de Vincennes à Paris. Le chef de l'État va endosser les habits du leader rassembleur et protecteur de la nation. Devant les locaux de *Charlie Hebdo*, il dénonce « un acte d'une exceptionnelle barbarie ». « Notre meilleure arme, c'est l'unité », déclare-t-il solennellement, le soir, en direct à la télévision. À ce poste, au plus près de l'Élysée, j'assiste à la mue de cet homme et au regard nouveau que les citoyens portent sur lui. La France va volontiers oublier, pour un temps, le passager casqué du scooter et le livre ravageur.

Le président français ordonne que deux assauts soient menés en même temps dans deux endroits. Le premier concerne la supérette casher de Paris où un complice des frères Kouachi, les deux terroristes de *Charlie Hebdo*, détient des otages. Le deuxième est une entreprise à Dammartin-en-Goële où les auteurs de la tuerie perpétrée dans les locaux du journal sont retranchés. Dans le huis clos de son bureau, en présence de trois ministres, Manuel Valls, Bernard Cazeneuve et Christiane Taubira, ce vendredi après-midi, au téléphone avec les deux théâtres d'opérations, François Hollande décide de deux assauts simultanés. Les assaillants sont neutralisés. C'est la fin de trois jours de traque et de stupeur. C'est le début de l'utilisation du fameux slogan « Je suis Charlie ». C'est aussi le moment où de plus en plus de chefs d'État étrangers appellent le président pour annoncer leur présence à la fameuse marche de la paix voulue par l'Élysée et prévue le 11 janvier, quatre jours après les attaques. Paris s'apprête à devenir la capitale du monde, et François Hollande la pièce centrale de ce puzzle de soutien à la France. Le retournement de situation est stupéfiant. Après plus de deux ans et demi de descente aux enfers, le rebond historique dans les sondages pour le chef de l'État est de vingt points. Le président est redevenu président. Je suis toujours interloquée par nos opinions publiques qui assassinent puis ressuscitent le mort, pour mieux ensuite le tuer une seconde fois.

Je couvre cette immense manifestation à Paris, nous réalisons une émission spéciale en direct. Nous avons aussi des envoyés spéciaux partout en France où plusieurs millions de personnes descendent dans la rue. Dans la capitale, il est impossible d'avancer ou de reculer, tant il y a de monde sur la place de la République. Je suis bouleversée par ce moment d'émotion universelle, surprise par l'ambiance bon enfant, le côté artisanal de ce rassemblement inédit pour défendre des caricaturistes et des journalistes irrévérencieux, assassinés pour leurs idées. J'échange avec des ouvriers, des cadres, des professeurs, des étudiants, des enfants de toutes confessions. Je suis supposée avancer micro en main, mais, avec mon équipe, nous sommes coincés au milieu d'une foule compacte. L'ambiance est presque festive malgré les raisons dramatiques de cette marche. Des grappes de jeunes gens sont perchées sur des lampadaires, des audacieux sont installés sur des abribus. Le soubassement en pierre de la statue de Marianne au centre de la place de la République croule sous le nombre de manifestants drapés aux couleurs de la France. Je découvre ces immenses faux crayons en carton brandis par certains. Un hommage aux journalistes, aux dessinateurs, à tous les employés de *Charlie Hebdo*.

Je suis fière d'être française, journaliste, et heureuse de couvrir cet événement. Un couple venu d'Orléans avec son bébé dans une poussette accepte de parler en direct. L'époux dit qu'il ne pouvait pas manquer cette manifestation : « Si cette haine nous dépasse, elle ne nous arrête pas. » Sa femme explique que c'est important pour leur enfant, pour le monde dans lequel il va grandir. Je m'inquiète pour ce nourrisson en cas de mouvement de foule. Ils me sourient, ils ont confiance, tout va bien se passer.

Plus d'un million de personnes sont réunies : une marée humaine rieuse pour défendre la liberté d'expression. Des dirigeants et hauts responsables de plus de cinquante pays sont présents. Mais ils ne sont pas sur cette place de la République impossible à sécuriser. Ils ont embarqué, comme s'ils partaient en colonie de vacances, dans des bus stationnés devant l'Élysée et se sont arrêtés avant la place de la République. Peu de protocole dans cette marche politique inédite où chefs d'État et de gouvernement avancent bras dessus, bras dessous. Aucun discours n'est prononcé, il n'y aura pas de récupération politique de cet événement. Ce qui est extrêmement rare.

Le silence recueilli, quand les leaders progressent lentement, est de temps en temps rompu par des habitants à leur balcon. Ils applaudissent et crient «Je suis Charlie» ou «Je suis policier» en référence aux trois membres des forces de l'ordre eux aussi assassinés. François Hollande marche à côté de la chancelière allemande Angela Merkel. Sont aussi présents le Premier ministre espagnol, Mariano Rajoy, l'Italien Matteo Renzi, le Palestinien Mahmud Abbas, l'Israélien Benyamin Netanyahou, le roi Abd Allah II de Jordanie et son épouse Rania, le Malien Ibrahim Boubacar Keïta.

Une semaine plus tard, je suis à Tulle dans l'ancien fief électoral du chef de l'État. Le président vient présenter ses vœux aux Corréziens. Sur le marché, j'écoute les commerçants, les clients, les passants, le féliciter chaleureusement et sincèrement pour la gestion de cette crise. C'est un peu comme s'il était élu une seconde fois, c'est l'état de grâce. La Corrèze, terre de résistance, est le lieu idéal pour évoquer l'esprit de la grande marche du dimanche précédent. François Hollande décrit cette «France ardente face à celles et ceux qui veulent nous installer dans je ne sais quelle guerre de religion». Ce sursaut de popularité… ne sera qu'un sursaut.

La tragédie frappe à nouveau, avec des attentats terroristes d'une ampleur sans précédent, le 13 novembre 2015. J'ai déjà évoqué précédemment cette série d'attaques qui débute aux abords du Stade de France, à Saint-Denis, puis se poursuit sur les terrasses de plusieurs établissements et à l'intérieur de la salle de concert du Bataclan. La peur nous saisit tous ce soir-là, ainsi que la colère. « C'est une horreur », dira le chef de l'État. Cette fois, l'état d'urgence est décrété. C'est le tournant sécuritaire du quinquennat.

François Hollande gère les tragédies, empêche la France de se fracturer, mais ne réussit pas à inverser la courbe du chômage. Et son propre camp est divisé. Il a proposé de priver de leur nationalité française les binationaux condamnés pour des actes de terrorisme. Cette réforme ulcère une partie de la gauche qui y voit un reniement de ses valeurs. Le président finit par renoncer. Et pendant ce temps, Emmanuel Macron distille ses petites remarques. « La gauche aujourd'hui ne me satisfait pas », dit-il en avril 2016. Il vient de lancer son mouvement En marche !, et affirme qu'il n'est pas « l'obligé » du président. J'observe ce ministre toujours deux pas derrière le chef de l'État en train d'enchaîner les selfies. J'écoute, avec scepticisme, ce secrétaire d'État, proche de François Hollande, me soutenir que le jeune Macron « ne sera jamais candidat contre le président ». Il a raison, en quelque sorte. Car Emmanuel Macron n'aura même pas besoin de se présenter face au président sortant. François Hollande devra renoncer à une candidature pour un second mandat et laisser le champ libre à cet homme dont il disait : « Il sait ce qu'il me doit. »

En ce début du mois de mai 2016, un samedi matin, les premiers bénévoles du mouvement En marche ! font du porte-à-porte. Je les suis avec une équipe, et nous sentons déjà qu'ils ne sont pas là pour faire de la figuration. Ils disent vouloir dresser un diagnostic sur l'état de la France. Ces volontaires ont souvent une trentaine d'années. « Macron a la niaque, il est jeune », me dit l'un de ces partisans de la première heure. « Moi, j'ai voté Sarkozy à la dernière présidentielle, me glisse un deuxième trentenaire, cette fois je serai pour Macron s'il est candidat. » Un troisième volontaire m'explique qu'il est de gauche, mais « je préfère Macron candidat plutôt que Hollande », ajoute-t-il. Tout est dit et tout est déjà écrit, même s'ils m'expliquent ne pas être en campagne pour Emmanuel Macron. Je me demande s'ils ne me prennent pas pour une idiote. Les stratèges du mouvement En marche ! disent s'inspirer des deux campagnes victorieuses de Barack Obama, basée en partie sur le porte-à-porte. Comme si cette pratique militante était une nouveauté ! Passons.

Une dame très élégante ouvre sa porte dans le XIe arrondissement de Paris. Elle n'y va pas par quatre chemins. « Ce n'est pas terrible ce que vous faites, c'est déjà dur pour François Hollande, vous lui savonnez la planche. » Les jeunes gens bien élevés et bien mis qu'elle a face à elle sont à peine décontenancés. Ils ont déjà l'assurance des vainqueurs. Une deuxième porte s'ouvre sur un homme assez âgé : « Moi je dis que c'est un gars bien ce Macron, je le trouve quand même un peu jeune. » Puis cette femme en colère : « On n'a pas le droit de créer son parti quand on est au gouvernement, ou alors on démissionne. »

En décembre 2015, François Hollande me dit à propos de son ministre : « Il est droit et loyal. » En juillet 2016, il se corrige et le considère comme « un indélicat ». Que s'est-il passé entre ces deux déclarations alors qu'une relation quasi filiale unissait ces deux hommes ? L'histoire secrète de cette rupture passe par un sévère recadrage dans le bureau de François Hollande. Le chef de l'État exige que son ministre revienne sur ses propos affirmant qu'il n'est pas « l'obligé » du président. En bref, Emmanuel Macron n'est pas aux ordres et le revendique publiquement. Le ministre refuse d'obtempérer. Emmanuel Macron dira à propos de cet épisode : « Je ne savais pas qu'il pouvait être méchant. »

Le ministre rebelle s'affranchit de plus en plus. Dans un journal belge, il déclare que son « mouvement nourrit un projet présidentiel ». Est-ce un projet pour François Hollande ou pour lui ? Ce n'est pas clair et cette confusion est parfaitement voulue. Il est encore ministre de l'Économie, mais en privé il estime que François Hollande sera trop bas dans les sondages pour se présenter. Il se voit comme une option et ne s'en cache pas. Mais le président veut le garder, ne surtout pas en faire une victime, alors que la popularité de son « protégé » s'envole. Le 12 juillet 2016, le ministre ose l'impensable. Il anime un meeting politique à Bercy. Il est en campagne, cela ne fait plus l'ombre d'un doute. Emmanuel Macron parle en marchant, sans pupitre, devant quatre prompteurs transparents. « Ce mouvement, dit-il, nous le porterons ensemble jusqu'en 2017 et jusqu'à la victoire. » Cette fois, l'intention est limpide. Le lendemain matin, je suis dans la cour du palais présidentiel pour le Conseil des ministres. Manuel Valls sourit sur le perron pour tenter d'afficher la décontraction. En vain, car nous savons qu'il y a le feu au gouvernement.

Lors de sa traditionnelle interview du 14 Juillet, François Hollande adresse publiquement une mise en garde à son ministre. « Il y a des règles, dit-il, il y a des devoirs, il y a des obligations. On ne peut pas être à la fois dans un gouvernement et en dehors. » Cela sonne comme un dernier avertissement mais il n'y aura pas de sanction. Cette bienveillance est l'aveu de faiblesse du président. C'est finalement Emmanuel Macron qui décide, lui-même, de démissionner le 30 août 2016. Il a déjà la main. Plus rien ne l'arrêtera. François Hollande est sonné, même s'il ne laisse rien paraître. « La popularité de Macron, me dit-il, c'est l'écume des choses. » Peut-être. Mais l'écume va grossir en vague déferlante et balayer la silhouette familière du chef de l'État comme un fétu de paille. Le président vit cette histoire comme une trahison. Elle est d'une navrante banalité en politique. Le 16 novembre 2016, Emmanuel Macron se déclare officiellement candidat. Et ce n'est pas fini. Manuel Valls veut lui aussi être candidat. Le Hollande *bashing* est au plus haut, la popularité du chef de l'État au plus bas. Manuel Valls dit à l'un de ses conseillers : « Je ne veux pas couler avec le président. » François Hollande n'est pas certain de pouvoir gagner la primaire à gauche. Dans l'incapacité de rassembler son camp, il prend une décision inédite.

Il est 19 h 30, ce 1er décembre 2016, je suis au siège de la rédaction à Paris. Nous sommes prévenus par l'Élysée que le chef de l'État va s'exprimer à 20 heures. Il faut trouver en urgence un motard pour me conduire devant le palais. Nous fonçons vers le VIIIe arrondissement. Des moyens de direct sont envoyés. Nous ne savons pas ce que le président va annoncer. Nous imaginons qu'il s'agit de dire s'il sera ou non candidat. Le Tout-Paris bruisse de rumeurs contradictoires à ce sujet. Une allocution annoncée subitement à 20 heures, ce n'est pas pour parler de la pluie et du beau temps ! Mais rien n'a fuité.

À 20 heures précises, je suis donc debout, à l'angle de la rue du Faubourg-Saint-Honoré et de l'avenue de Marigny, en position de direct, micro en main. Je suis là, plantée sur ce trottoir que je connais par cœur, car j'ai été très souvent en direct à cet endroit. C'est assez ridicule d'ailleurs, puisque l'on n'aperçoit même pas le palais présidentiel derrière les journalistes ! Parfois, les événements de l'Élysée se font avec « cour ouverte ». Dans ce cas, la presse s'installe dans l'enceinte du palais et piétine les fameux gravillons de la cour d'honneur. Cette fois, bien sûr, c'est une actualité avec « cour fermée ». Les journalistes sont donc exactement comme tous les autres Français. Ils n'assistent pas à cette allocution en présentiel. François Hollande est entouré d'une poignée de conseillers quand il s'exprime, solennellement, ce soir-là, dans le huis clos de l'un des studios du palais. Je l'écoute donc grâce à mon oreillette, dans le froid glacial de ce mois de décembre. Je l'entends détailler ce qu'il pense avoir réussi pendant ce mandat. Il parle du mariage ouvert à tous les couples, du Mali sauvé des groupes islamistes armés, de la cohésion nationale préservée pendant les attaques terroristes, de la Grèce restée dans la zone euro. Au fil des minutes, je me dis qu'il va être candidat. Ce plaidoyer pour lui-même me laisse penser qu'il ne va pas renoncer.

Je me concentre pour entendre ses mots dans le brouhaha de la rue. Je sais que j'interviendrai en direct dès qu'il aura fini. J'ai l'habitude de cet exercice qui consiste à improviser quelque chose d'intelligible. Mais cette séquence politique est grave, unique et je ne la prends pas du tout avec légèreté malgré les années d'expérience. J'imagine, en écoutant, combien cet homme vit un moment d'extrême tension, combien il a dû réfléchir encore et encore pour finalement faire son choix en son âme et conscience. Et j'écoute la phrase fatidique prononcée d'une voix blanche : « J'ai décidé de ne pas être candidat à l'élection présidentielle, au renouvellement de mon mandat. »

À cette seconde, il devient le premier président de la Ve République à ne pas briguer un second mandat. Une forme d'abdication spectaculaire, elle surprend le microcosme et les Français.

Après la stupéfiante allocution, nous voilà sur ce trottoir, cherchant le début d'une information sérieuse à donner à nos téléspectateurs. J'envoie des SMS en rafales, je tente de contacter tous mes contacts politiques, les amis du président, ses ennemis, les experts avertis. Que s'est-il passé ? Quand a-t-il pris sa décision ? Je comprends, par les réponses que je reçois, que seuls quelques très proches, dont les enfants du président, avaient été mis dans la confidence. Le conseiller en communication du chef de l'État finit par sortir du palais et se dirige vers l'attroupement de journalistes. Je suis alors en direct, je continue de parler mais je propose au caméraman qui me filme de tourner la caméra vers le groupe de journalistes rassemblés autour du fameux conseiller. Je souhaite simplement expliquer à nos téléspectateurs ce qui se passe. C'est d'une grande banalité : un conseiller de presse vient donner quelques éléments d'information aux journalistes. La belle affaire ! D'autant que nous n'entendons pas ce qui se dit. De là où je suis, nous voyons juste l'attroupement.

L'une des conseillères me signifie pourtant qu'elle est outrée que je puisse faire cela. Je l'entends vitupérer dans mon dos alors que je suis en direct et que j'essaie de dire quelque chose qui soit pertinent. Cette offuscation est parfaitement ridicule. Mais je sens, tout en poursuivant mes propos, que si je continue, les collaborateurs du président sont capables de faire un esclandre en plein direct, à 20 h 15, devant plusieurs millions de téléspectateurs. Donc je fais signe à mon caméraman de revenir vers moi. C'est ridicule et humiliant.

Je suis en colère contre eux et contre moi-même. J'aurais dû les envoyer balader en plein direct et dire sobrement qu'il est tout de même révoltant de ne pas pouvoir relater ce qui se passe sur ce coin de trottoir en pleine rue. Décidément, la politique intérieure et ses conventions, ce n'est pas pour moi ! C'était passionnant, je suis sortie de ma zone de confort, j'ai beaucoup appris et rencontré des hommes politiques souvent sincèrement investis. « Merci pour ce moment », dirait Mme Trierweiler. Mais je vais retourner vers ce qui m'a toujours nourrie : les espaces sans limites du reportage sociétal, en zone de guerre ou non. Notons, pour la petite histoire, que François Hollande est désormais l'une des personnalités politiques les plus populaires en France. Sera-t-il candidat en 2027 ?

Emmanuel Macron est, quant à lui, voué aux gémonies par son propre camp pour avoir décidé de dissoudre l'Assemblée nationale le soir même des résultats des élections européennes. Son parti sort fragilisé des législatives anticipées. Voici donc François Hollande redevenu député de la première circonscription de Corrèze. La décision spectaculaire et inattendue prise par Emmanuel Macron de dissoudre permet à François Hollande de revenir sur le devant de la scène. Il dit n'avoir « aucun compte à régler » avec celui qui fut son conseiller, puis son ministre. Mais il assure que le macronisme, « c'est terminé ».

Chapitre 11

Les corbeaux de Daech et la chute du califat en Irak et en Syrie Novembre 2018

Je suis donc de retour dans mon service d'origine. Il s'agit du *pool* « enquêtes et reportages ». Je suis basée à Paris et je suis envoyée couvrir les actualités « chaudes » ou « froides » en France ou à l'étranger. Il peut s'agir de partir sur des inondations dans le Pas-de-Calais, ou de prendre le premier avion pour l'Irak. Le *pool* compte une trentaine de reporters, jeunes ou expérimentés. C'est un joyeux mélange et une famille attachante. Pour l'heure, me voici donc en Irak.

Ghazwan est un très beau garçon de treize ans au large sourire. Il porte un costume noir lustré et sans forme, mais l'habit incongru dans ce camp de réfugiés, dans le nord de l'Irak, lui donne une allure émouvante. Il est pieds nus. Sa silhouette dégage une grâce infinie. Il est entre deux eaux, entre l'enfance et l'adolescence. Il a revêtu cette tenue parce qu'une équipe de télévision allait venir. Alors Ghazwan a pensé qu'il fallait s'habiller « correctement ». Je ne peux pas m'empêcher de penser à sa mère et à son père disparus. Lui disaient-ils qu'il faut, parfois, soigner son apparence ? Le costume a-t-il quelque chose à voir avec l'éducation reçue dans sa famille ? Même s'il n'a vécu que dix ans avec ses parents, est-ce un reste précieux de la vie d'avant ? La vie avant l'arrivée de Daech dans leur village en Irak, la vie avant la prise de pouvoir de l'organisation terroriste État islamique sur une partie du territoire irakien. Je ne saurai jamais quels parents étaient les siens. Mais, en écoutant ce garçon subtil, débordant de joie et d'espièglerie, je me dis qu'ils devaient être doués pour transmettre l'amour de la vie, quelles que soient les difficultés et les peines. Car nous sommes au sommet de ce qu'un jeune garçon peut endurer.

Le jeune orphelin suit une séance de psychothérapie avec d'autres enfants dans ce camp de déplacés situé dans le nord de l'Irak. Ghazwan a été embrigadé de force par les combattants islamistes quand ils sont arrivés dans son village. Il avait dix ans. Il a été emmené dans un camp d'entraînement de l'organisation État islamique pour devenir un « lionceau du califat », c'est-à-dire un enfant radicalisé, capable de combattre pour l'EI. Il n'a plus jamais revu ses parents. Il ne sait pas ce qu'ils sont devenus. Il a donc maintenant treize ans et est assis par terre en cercle avec d'autres garçons et filles dans une salle de classe sans bureau. Il écoute une psychologue. Elle travaille pour EliseCare, une organisation non gouvernementale de solidarité internationale créée par une Française.

La psychologue demande aux enfants de dessiner quelque chose « qui t'a blessé, que tu as toujours dans ta tête et que tu ne peux pas oublier ». Au centre de la pièce : une boîte aux pires souvenirs. Tous les enfants sans exception dessinent des armes, des tirs, des bombes qui explosent, du rouge sur des corps à terre, des barreaux de prison, des maisons sans toit. Quelques garçons, quelques filles esquissent des têtes coupées, d'autres des couteaux ou des épées. Tous ont vécu sous le règne de Daech, l'acronyme arabe de l'État islamique en Irak et en Syrie. Certains ont fui, avec ou sans leurs parents, parfois avec des voisins, parfois avec des membres éloignés de leur famille, d'où leur présence dans ce camp. Chaque enfant dépose le dessin dans la boîte et tout le monde applaudit quand un pire souvenir se retrouve enfermé dans l'épouvantable écrin. Pour Ghazwan, une chose le concernant ne peut pas aller dans la boîte. Il explique que c'est à la fois un « pire souvenir » et un « super souvenir ». Il veut bien raconter, mais pas devant tout le monde.

Nous nous éloignons et nous écoutons cet enfant au splendide sourire. « Un jour, dit-il, j'ai fait pipi dans la nourriture des djihadistes dans le camp d'entraînement. » Il nous regarde avec une immense fierté, il y a du défi dans son attitude. Je réalise l'acte d'insoumission absolu de cet enfant âgé, à ce moment-là, de dix ans. C'est, bien sûr, un fait d'armes qui ne peut pas aller dans la boîte. C'est l'acte de résistance qui ne doit jamais être effacé. Mais, quelques secondes plus tard, son visage se fige. « J'ai été dénoncé », ajoute-t-il. Et à ce moment précis je sais que ce qu'il va dire sera terrible. Un djihadiste lui ordonne de dire toute la vérité : « Qu'est-ce que tu as fait dans le riz ? — J'avais peur, dit l'enfant, alors j'ai dit oui, c'est vrai que j'ai fait pipi dans le riz. » Il me regarde et me dit : « Tu veux que je te montre ce que j'ai eu comme punition ? » Je lui réponds : « Oui, si tu veux bien. »

L'enfant au magnifique sourire, assis sur la moquette, s'allonge sur le ventre. Chloé qui tourne les images élargit le cadre. J'ai peur de comprendre ce qu'il va faire car je connais cette torture courante dans le monde sans règle des guerres sales. Et c'est exactement ce qu'il mime avec précision. Ghazwan est donc allongé sur le ventre, il attrape ses pieds avec ses mains dans son dos. Je lui demande s'il a été attaché dans cette posture. Il répond qu'il a été suspendu dans cette position. Il y avait une barre de fer pour suspendre les enfants, les mains et les pieds liés dans le dos. Il ne sait pas combien de temps il est resté comme ça, mais il n'a jamais oublié cette journée. Il se tait. Nous aussi. J'observe ce visage tout juste sorti de l'enfance, Je pense aux hommes capables de suspendre un jeune garçon de dix ans. Dans quel monde de ténèbres vivons-nous ? Quelques secondes de silence et l'enfant répète qu'il ne faut pas mettre l'épisode dans le réceptacle des pires souvenirs. Il n'en dit pas plus. Il sent peut-être confusément que cet acte de rébellion est sa force, qu'il faut le chérir pour survivre. Il ajoute que le plus dur est ailleurs. « Ce qui est le plus triste, dit-il, c'est que je n'ai jamais revu mes parents. » Il n'a plus son sourire.

Nous rencontrons cet enfant en novembre 2018. À ce moment-là, le califat est en train de perdre ses territoires, et vit la fin de son hégémonie géographique. Mais jusqu'en 2014, l'organisation sunnite radicale, issue d'al-Qaida, est au sommet de sa puissance. L'EI contrôle huit millions d'habitants dans une zone aussi grande que la Grande-Bretagne, à cheval entre la Syrie et l'Irak. Une ascension fulgurante facilitée par le délitement du pouvoir et le chaos régnant dans ces deux pays. Le départ des Américains d'Irak en 2011 et le soulèvement en Syrie contre le régime de Bachar al-Asad permettent aux extrémistes de progresser et d'imposer leur loi sans grandes difficultés. Le 10 juin 2014, l'État islamique d'Irak prend Mossoul, deuxième ville du pays. Le groupe se rebaptise État islamique en Irak et en Syrie, c'est-à-dire Daech. Il contrôle déjà Falloujah, en Irak, mais aussi Raqqa, en Syrie. L'objectif de l'organisation terroriste vise à regrouper toutes les populations musulmanes sunnites en un seul territoire au mépris des frontières existantes, et retrouver le rayonnement de la civilisation arabo-musulmane des dynasties des Abbassides du Moyen Âge. Cette guerre est l'une des nombreuses illustrations du grand clivage du monde musulman entre sunnites et chiites. Les deux branches de l'islam ont cohabité pendant des siècles mais désormais leurs différences de doctrine, de rituel et de théologie les opposent. En juillet 2014, le chef de l'organisation État islamique, Abu Bakr al-Baghdadi, proclame l'instauration du pseudo-califat et érige la charia en loi suprême. Il instaure un régime obscurantiste et d'une extrême violence.

Dans les villes et les zones qu'ils contrôlent, les djihadistes rackettent la population, imposent par les armes leur interprétation ultra-rigoriste de l'islam et détruisent les monuments historiques de Mossoul ou encore de Palmyre. Dans cette ville, ils font exploser un temple construit il y a près de deux mille ans et classé au Patrimoine mondial de l'humanité. Palmyre est l'un des plus beaux centres culturels du monde antique. La disparition à l'explosif de ces vestiges gréco-romains est un choc. Les djihadistes tentent d'effacer l'histoire, ils décapitent, lapident et filment ces scènes pour leurs vidéos de propagande. Une partie de la population les rejette. Mais l'EI gouverne dans la terreur en décourageant toute insurrection. L'un des ronds-points de Raqqa devient tristement célèbre. L'État islamique y met en scène des centaines d'exécutions publiques. Les têtes des suppliciés sont posées sur des piques autour de la place. Il est interdit aux proches de venir les récupérer.

Le 19 août 2014, l'organisation met en scène la décapitation filmée du journaliste américain James

Foley. Le 14 novembre 2015, elle revendique les attentats de Paris et de Saint-Denis. À partir de 2014, une coalition internationale menée par les États-Unis lance ses premiers raids aériens contre l'EI. Le lent recul des djihadistes commence. Aidées par la coalition, les forces kurdes reprennent la ville syrienne de Kobané en 2015. Les Kurdes se sont organisés pour combattre l'EI en créant les Forces démocratiques syriennes, une alliance militaire avec des groupes arabes. La Russie entre dans le conflit, elle fait basculer le rapport de force en faveur du dictateur Bachar al-Asad contre les rebelles pro-démocratie et contre l'EI à l'est. Le leader syrien se targue d'être le rempart contre l'obscurantisme de l'EI, et en même temps il réprime dans le sang toute opposition démocratique à son pouvoir. En Irak, Falloujah puis Mossoul sont reprises aux extrémistes, le gouvernement de ce pays proclame la victoire contre l'État islamique en décembre 2017. Deux mois auparavant, Raqqa, fief de l'État islamique, est délivrée par les Kurdes, appuyés par l'aviation de la coalition. De 2017 à 2019, l'État islamique est vaincu à plusieurs reprises et se replie sur les rives de l'Euphrate dans des provinces syriennes riches en pétrole. Au fil des mois de déroute, l'emprise territoriale des djihadistes n'est plus bientôt qu'un confetti de territoire, quelques kilomètres carrés. Les derniers djihadistes se barricadent dans la ville de Baghouz. Ils y livreront leurs derniers combats.

Ghazwan, l'enfant au costume, est assis à côté de Madiha, treize ans et yézidi elle aussi. Ces deux enfants ont le triste privilège d'appartenir à la communauté ethno-religieuse kurdophone la plus persécutée par l'organisation État islamique. Les Yézidis sont considérés par les djihadistes comme des « adorateurs du diable ». Il faut donc les exterminer ou les soumettre. Quand ils déferlent sur les monts Sinjar, dans le nord-ouest de l'Irak, en août 2014, les hommes de l'EI multiplient les exactions, enrôlent donc de force des enfants-soldats et réduisent des centaines de jeunes filles et de femmes en esclavage sexuel. À onze ans, Madiha est capturée, séparée de ses parents et revendue à deux reprises à deux combattants différents. « Le deuxième homme était une vieille personne, dit-elle, il avait l'air plus âgé que mon père. » Elle continue et sa voix semble disparaître, elle murmure, comme s'il ne fallait pas que nous entendions : « Il venait tous les jours, plutôt le soir ou la nuit, je ne voulais pas qu'il fasse ça. Mais je ne disais plus rien, je ne pouvais rien faire, j'avais peur tout le temps, j'étais terrifiée. » Madiha n'a pas le sourire conquérant de Ghazwan, c'est une jeune fille brisée, nous dit la psychologue. Elle souffre de stress post-traumatique, de dépression et d'anxiété chronique.

Retrouver les traces des esclaves sexuelles de Daech, les « racheter » aux combattants islamistes radicaux et négocier leur exfiltration des territoires syriens encore aux mains des djihadistes : c'est la mission de l'homme dont nous faisons le portrait. Nous sommes de retour dans le Kurdistan irakien et nous suivons Idris Kocho, considéré comme un héros par sa communauté. Il est lui-même yézidi, sa propre fille âgée de dix ans est aux mains d'un émir de Daech. L'émir lui envoie de temps en temps des vidéos de sa fille via WhatsApp. Je visionne avec Idris Kocho ces images sur son téléphone portable. L'enfant, vêtue de noir et voilée, a dix ans. Elle se tient assise et ne parle pas, elle semble triste, absente et soumise à je ne sais quel enfer. C'est effroyablement tragique mais c'est une preuve de vie.

L'émir refuse de rendre l'enfant, « elle n'est pas à vendre », a-t-il fait savoir. J'écoute ce père raconter comment trente de ses proches ont été kidnappés par l'État islamique en 2014 dans la région syrienne du Sinjar, dont sa fille. Les femmes et les fillettes de sa famille sont emmenées, les hommes rassemblés pour être fusillés. Idris Kocho est blessé, il réussit à s'échapper et, comme des milliers de Yézidis en fuite, il trouve refuge dans la ville de Dohuk, au Kurdistan irakien. Depuis, il est devenu « l'homme qui rachète les otages de Daech ». Il ne réussit pas à obtenir la libération de sa fille mais il a déjà œuvré au retour de plus de deux cents captifs et captives. Nous tournons dans le salon d'une maison privée. Plusieurs dizaines de femmes, de jeunes filles et de jeunes garçons sont là. Tous ont été prisonniers de Daech. Tous ont été libérés grâce au travail d'intermédiaire d'Idris Kocho.

Saado est un garçon âgé de quinze ans. Il explique devant notre caméra qu'il lui doit la vie. « Il m'a sauvé de la torture, dit-il, des punitions, je ne suis plus obligé de combattre pour eux. » Il regarde son sauveur avec une immense reconnaissance dans les yeux. « Il fut notre chance, dit une jeune femme, sans lui je serais encore là-bas soumise à mes geôliers et à leurs viols quotidiens. » Elle ajoute que chaque personne présente dans cette pièce a encore plusieurs membres de sa famille aux mains des djihadistes.

Chaque jour, Idris Kocho reçoit, via WhatsApp ou Messenger, des vidéos d'appels à l'aide. Elles viennent de Syrie où son nom est désormais connu. Les Yézidis esclaves ou enrôlés de force dans les rangs de l'État islamique les envoient comme une bouteille jetée à la mer. Sur l'une de ces séquences venues du monde des extrêmes, une femme parle devant la caméra de son téléphone. Elle est assise, à côté d'elle, une fillette : « Nous sommes de la famille Arwan, nous espérons que vous pourrez nous libérer, à côté de moi, c'est Mania, ma fille. » Idris Kocho ne sait pas comment cette maman a pu enregistrer sa supplique. Au moment où nous le rencontrons, il tente de faire revenir un jeune garçon totalement endoctriné. Il est enfant-soldat pour l'EI depuis quatre ans. Sur une vidéo glaçante, l'enfant promet d'égorger les mécréants. C'est un djihadiste rigolard qui le filme. De temps en temps, le combattant de l'EI, barbe et cheveux longs, retourne la caméra du téléphone vers lui. L'homme accepte de revendre l'enfant. Il s'agit bel et bien de racheter des êtres humains ! Cette preuve de vie permet de commencer des négociations par téléphone via des messageries cryptées. Le territoire en Syrie où sont retenus les captifs est complètement fermé. Aucun journaliste ne se hasarde à y mettre les pieds. En cette fin de l'année 2018, les djihadistes sont en déroute dans la région syrienne de Deir ez-Zor et certains manquent d'argent. Ils commencent donc à se séparer de leurs esclaves ou enfants-soldats, moyennant de grosses sommes d'argent. Les sommes serviront à couvrir leurs besoins personnels. Ils négocient en cachette de leur chef, de leur émir. Ils risquent la décapitation pour oser défier les autorités. Idris Kocho fait défiler les photos de ceux et celles qu'il cherche à exfiltrer. Il vient de finaliser une négociation pour une mère et sa fille : ce sera 17 000 dollars, soit près de 16 000 euros. Un émir saoudien, installé dans cette zone syrienne, exige 60 000 dollars, soit 56 000 euros pour un jeune garçon. Idris Kocho n'a pas ce budget. Il faut que l'émir baisse son prix, mais pour l'instant il refuse. « Parfois, dit-il, je réussis à faire libérer des gens gratuitement, parfois c'est seulement 1 000 dollars [935 euros], parfois c'est 10 000 [9 355 euros], il n'y a pas de prix fixe, chaque histoire, chaque cas est différent. »

L'argent est donné par un organisme officiel gérant ce rachat des Yézidis. Ce bureau a pignon sur rue dans la ville de Dohuk et est financé par les autorités kurdes. Idris Kocho est salarié de cet organisme. Il se charge des négociations, il fait payer les passeurs pour sortir les captifs de la zone, via des intermédiaires. Les sommes arrivent en zone djihadiste en ayant transité par plusieurs médiateurs. Le peuple yézidi vit donc désormais au rythme de ces libérations et retrouvailles. Nous espérons pouvoir filmer une telle séquence. Elle apporterait plus de force à notre sujet. Mais pendant notre présence aucune personne n'est délivrée. C'est la limite de notre métier, les reportages coûtent cher, impossible d'attendre indéfiniment une hypothétique libération. Nous nous donnons trois jours, mais pas d'arrivée d'enfants ou de femmes. Je récupère des images amateurs filmées par les familles lors du retour de deux jeunes femmes. Elles sont restées quatre ans aux mains de Daech, elles pleurent, serrent leurs proches dans leurs bras. C'est la fin d'un long cauchemar. Mais pour Idris Kocho, le drame n'a pas de fin : sa fille est toujours retenue prisonnière.

Deux mois plus tard, en février 2019, nous partons pour une nouvelle mission en Syrie où l'étau se resserre inexorablement sur le territoire de Daech. L'État islamique ne contrôle plus qu'un kilomètre carré, quelques rues et maisons d'un village syrien, Baghouz, coincé entre le fleuve Euphrate et la frontière irakienne. C'est un village agricole du bout du monde. Nous sommes installés dans la base arrière des forces kurdes au milieu des installations pétrolières d'al-Omar en plein désert, à sept heures de piste de Baghouz. Je vais rester plusieurs semaines avec mon équipe dans cet environnement très rudimentaire. Les forces kurdes acceptent de nous y loger mais elles n'ont évidemment pas le temps de rendre notre séjour plus confortable. Personne ne se plaint, mais je garde un souvenir olfactif et visuel des sanitaires, des excréments débordants, de l'odeur de vieille urine dans tout le bâtiment, de l'eau glacée sous des douches pleines de bestioles et de la tranche d'oignon crue sur une platée de riz pour le dîner. C'est la guerre.

Une vingtaine de journalistes venus du monde entier sont présents. La richissime chaîne d'information américaine CNN est, comme d'habitude, venue avec ses vivres et une personne chargée de la logistique et de la cuisine. Son organisation est toujours très impressionnante, même dans les endroits les plus improbables. Elle donne aux autres le sentiment de n'être que des pouilleux sans le sou. Cette puissance financière lui permet assez souvent d'arriver la première sur les zones difficilement accessibles. L'argent ne fait pas tout, mais il permet, par exemple, de fidéliser des fixeurs permanents. Ce qui est un atout incontestable puisqu'ils vont travailler en amont pour préparer l'arrivée de l'équipe. Pour l'heure, nous regardons avec envie les spaghettis à la bolognaise de CNN. Nous en rions. Les conditions de vie ne sont pas un problème pour les membres de ma fine équipe. Comme souvent, dans ce métier, nous avons le sentiment d'être au bon endroit, le reste n'a aucune importance, ou si peu. Ce que nous couvrons est un événement majeur : la fin géographique du califat. Cela ne veut pas dire que c'est la fin de l'idéologie djihadiste, loin de là, mais c'est la mort du califat.

Tous les jours, nous nous dirigeons vers la région de Baghouz en convoi. La zone n'est pas sécurisée, nous embarquons le plus souvent dans les blindés des forces kurdes. C'est compliqué de dépendre du bon vouloir des militaires pour se déplacer et envisager un reportage, mais il n'y a aucune autre solution possible. S'aventurer seuls dans le désert n'est pas raisonnable. Nous ferions de formidables otages pour Daech si, par malchance, nous tombions sur une cellule djihadiste. Il faut, chaque jour, rouler plusieurs heures avant de croiser les convois du « renoncement ». Des véhicules se dessinent au loin dans la poussière du désert. Dans ces camions de transport de bétail, des centaines de femmes et d'enfants. Ce sont les familles des djihadistes : elles renoncent à rester près des hommes à Baghouz, elles fuient les bombardements de la coalition et l'avancée des forces kurdes vers l'ultime réduit de l'EI.

Je me hisse sur un camion avec le JRI de l'équipe. Toutes les femmes sont vêtues de noir, gantées et entièrement voilées, nous ne voyons que leurs yeux. Ces épouses de djihadistes sont assises sur le plancher des camions, serrées les unes contre les autres. Il fait très froid en ce mois de février. Un vent glacial balaie le sable du désert. À côté des femmes en noir, leurs enfants innocents, hagards, épuisés, crasseux et affamés. Elles sont irakiennes, syriennes, canadiennes, belges, elles viennent du monde entier. Je cherche des Françaises et je trouve sans difficulté. L'une est de Lyon, l'autre de Toulouse. Elles refusent de donner leur nom. « Je n'ai aucun regret d'avoir rejoint le califat, me dit l'une d'elles. Je voulais vivre dans un pays où l'islam est la priorité. » Elles me défient et me méprisent, je ne suis à leurs yeux qu'une pauvre mécréante occidentale. Je réprime mon envie de leur crier mon indignation : les morts du Bataclan, les gens fauchés sur les terrasses parisiennes un soir de novembre, la peur de mes enfants dans le Stade de France. Elles changeront peut-être d'avis plus tard, quand leurs esprits ne seront plus soumis à la propagande de Daech, mais, en attendant, elles disent avoir fait le bon choix en quittant la France pour la Syrie. Je note qu'elles parlent un français parfait, sans l'ombre d'un accent.

Je leur demande si le chef autoproclamé du califat, Abu Bakr al-Baghdadi, est à Baghouz. Et cette fois elles sont en colère : « Non, lui, il n'est pas là-bas en train de se faire massacrer, les plus hauts dirigeants sont partis depuis longtemps. » Elles affirment que les lieutenants du califat ont réussi à fuir, notamment vers Idlib. Elles ont raison car c'est justement à Barisha, dans la région d'Idlib, qu'Abu Bakr al-Baghdadi sera tué plus tard, lors d'une opération américaine, en octobre 2019. La région syrienne d'Idlib, adossée à la frontière turque, reste encore aujourd'hui une zone contrôlée par un groupe islamiste rebelle. Le groupe Hayat Tahrir al-Cham a renoncé au djihad global mais, selon les services de renseignements, de nombreux Français ultra-radicalisés y ont trouvé refuge. Selon *Le Monde*, ils seraient cent soixante-dix. Le quotidien a pu consulter, en octobre 2023, une note « confidentiel défense » des services de renseignements français détaillant leur profil. Les femmes et les enfants descendent des camions. Elles ne le savent pas encore, mais elles vont être envoyées avec leurs enfants dans des camps fermés, sans possibilité de sortir.

Nous filmons de loin les services de renseignements français et américains postés sur une colline. Ils ne cherchent pas à se cacher, leur présence ici est parfaitement assumée, mais ils ne souhaitent pas que nous les filmions. Tous leurs ressortissants seront fichés. Une fillette de moins de trois ans ramasse un grain de riz sur le sable. Elle a faim. Elle porte un bonnet et un manteau rose. Je ne vois que cette couleur au milieu des « corbeaux ». Les corbeaux : le mot est cruel et inhumain pour désigner les femmes de Daech toutes de noir vêtues. Mais c'est ainsi que certains médias les nomment. Il fait si froid qu'elles creusent des trous dans la terre pour se protéger du vent. La zone est parsemée de « tombes » pour personnes vivantes. Elles s'enterrent en attendant les départs vers les camps. Elles sont misérables, affamées et frigorifiées. Mais dans cet enfer, une Canadienne de Toronto me dit que vivre sous l'EI « était bien, on rendait visite à des amies, on faisait des choses normales ». Ces femmes ont décidé de fuir les bombardements, mais elles croient encore à l'idéologie de l'EI. Elles disent avoir payé des passeurs pour réussir à sortir du réduit encore contrôlé par les djihadistes. Elles ont versé 30 dollars par personne, 28 euros, ce sont les petites affaires et magouilles de la guerre que je vois sur tous les conflits. Elles ont dû soudoyer des intermédiaires car les islamistes les plus jusqu'au-boutistes de l'enclave interdisent désormais toute sortie. Ils veulent rester entourés de femmes et d'enfants qui font office de bouclier humain.

Quelques jours plus tard, nous assistons aux premières redditions d'hommes venus de Baghouz. Ils se rendent par petits groupes aux forces arabo-kurdes épaulées par la coalition. Nous les voyons arriver au loin dans le désert. Ils marchent doucement, silhouettes tassées. Je connais parfaitement bien cette allure que j'avais déjà évoquée précédemment : tasser son corps, se faire le plus petit possible par peur des tirs. Ils ont envoyé leurs épouses en éclaireuses. Elles ont demandé le numéro de téléphone du commandant kurde. Ils ont appelé pour dire qu'ils se rendaient, qu'ils arrivaient sans armes, qu'il ne fallait pas les bombarder ou les viser. Le commandant se méfie mais donne l'ordre de les laisser s'avancer. Je regarde ces hommes se rapprocher de nous. Ils ont fait la une de l'actualité dans le monde entier au fil de leurs attaques terroristes. Ils ont contrôlé un immense territoire. Des zones où les journalistes occidentaux ne rentraient quasiment jamais sous peine d'être égorgés, des combattants qu'il était impossible d'interviewer. Et les voici devant moi, devant notre caméra. Les barbes et les cheveux sont longs, ils portent des vêtements civils et semblent épuisés. Les forces kurdes les fouillent sans ménagement et leur intiment l'ordre de s'asseoir sur le sable. Certains se serrent à deux sous la même couverture sans âge, ils ont froid, ils ont le ventre vide et semblent ne pas s'être lavés depuis des semaines. Ils sont l'image de la défaite : l'organisation État islamique tant redoutée n'a pas fière allure.

J'ai gardé à l'esprit leurs regards. Certains semblent perdus et traqués, d'autres nous fixent avec défi. Cela reste un grand moment de reportage pour moi, tant ces hommes ont été pendant des années inaccessibles pour la presse. Ceux que nous avons en face de nous ont-ils du sang sur les mains ? Ce jour-là, il nous est interdit de leur poser des questions. Ils sont remis aux services spéciaux kurdes, américains ou français selon leur nationalité. Ils ont la vie sauve, mais ils sont envoyés en prison ou dans des camps fermés gérés par les Kurdes. Nous recueillons le témoignage d'une des épouses. « Nous ne sommes pas avec Daech, me dit-elle, on est juste des civils, on était dans la ville de Ramadi, en Irak, et on a été poussées vers Baghouz, on ne voulait pas y aller, nous, on voulait aller en Turquie. » Allez savoir si elle dit vrai. Qui se cache derrière ces voiles ? Ces femmes sont-elles des civiles innocentes victimes de la guerre ou des épouses de djihadistes acquises à l'idéologie du sinistre empire de l'EI ? Les hommes quittent la zone, ils sont amenés par camion vers un centre de transition. Les femmes partent elles aussi en convoi vers un camp fermé réservé aux épouses et à leurs enfants.

Nous sommes sur cette zone depuis deux semaines et les djihadistes tiennent toujours un lambeau de territoire : ils ne gouvernent plus que sur un demi-kilomètre carré mais ils se battent encore. Ils survivent à Baghouz dans un misérable enchevêtrement de bicoques, de tentes confectionnées avec des bâches, d'épaves de camions, de bus, de voitures. Nous sommes avec les forces kurdes, elles ont accepté de nous conduire au plus près de ces derniers jusqu'au-boutistes. Parmi ces hommes, beaucoup d'étrangers, des Français, des Russes, des Allemands.

Nous montons les escaliers d'une maison partiellement bombardée. C'est la position militaire kurde la plus proche du village. Nous voyons de loin des femmes en niqab, une moto qui circule, et cet improbable chaos d'habitations sommaires. Donner un assaut final contre ce minuscule camp retranché ferait trop de victimes. Le commandant kurde est tendu, il explique que les combattants de Daech ont mis en place un bouclier humain compact composé de femmes et d'enfants. « C'est uniquement cela qui nous arrête », dit-il. La présence de civils dans cette nasse oblige les Kurdes à multiplier les trêves pour leur laisser la possibilité de sortir au compte-gouttes. Les irréductibles de l'EI ont aussi creusé un réseau de tunnels et de tranchées : cela leur permet de résister aux bombardements de l'aviation de la coalition.

Les opérations militaires sont aussi ralenties par les centaines de pièges posés par les combattants. Les environs de Baghouz ont été minés par les djihadistes. Dans la ville de Hajin récemment reprise aux islamistes, les hommes de Daech ont posé des mines sur les portes, dans les jouets des enfants, les objets, les cadavres.

Nous y tournons en restant exactement dans les pas des militaires que nous suivons. C'est une autre obligation à laquelle je me suis habituée : poser mes chaussures précisément au même endroit que le militaire qui me précède, pour ne pas sauter sur une mine antipersonnel camouflée sous la végétation. Il faut rester concentrée, faire exactement le contraire de ce qui est l'essence même du métier, c'est-à-dire ne pas sortir du chemin imposé, sous peine de perdre une jambe, un bras ou la vie. Des gestes de survie qui nous sont en quelque sorte enseignés. À France Télévisions, comme dans de nombreux grands médias, les reporters envoyés sur les conflits ont l'obligation de suivre des stages de formation pour zone de guerre. J'ai participé en 2024, en région parisienne, à l'une de ces séquences de cinq jours : une piqûre de rappel bienvenue, y compris pour les journalistes habitués à ces terrains. Mon dernier stage remontait à plusieurs années. Je ne suis donc pas mécontente de revoir quelques bases à froid, loin d'une réelle ligne de front. Deux ex-membres des forces spéciales dispensent cette formation accélérée que je suis avec une dizaine d'autres journalistes. Les mines, les différentes armes à feu, les obus de mortiers, les missiles : ils font l'inventaire des dangers et des meilleures façons de se protéger. Le plus précieux, à mes yeux, est de revoir les procédures de secours d'urgence, la pose d'un garrot par exemple. Les hémorragies, sur les champs de bataille, tuent un soldat ou un journaliste en quelques minutes. Il faut donc être capable de secourir, notamment les membres de nos équipes, en cas de gros problèmes.

Nous jouons, chacun notre tour, le rôle de victime et de secouriste. Les blessés portent des plaies de caoutchouc très réalistes avec de l'eau colorée de rouge coulant des lésions. Nous sommes dans une salle et soudainement des alarmes sonnent, des bruits de bombardements se font entendre. Dans un dédale de pièces et de couloirs, nous devons chercher en urgence les blessés. Je cours, comme les autres, et je prends l'exercice très au sérieux. J'arrive dans une salle sonorisée, des balles sifflent et plusieurs mannequins gisent à terre et hurlent de douleur. J'ai quelques secondes pour choisir la personne qui a besoin d'aide en urgence. Je dois décider, dans le fracas des cris et des bombardements, quel geste j'accomplis. Garrot ou pansement hémostatique ? Cela dépend de l'emplacement de la plaie sur le corps. Le garrot se pose uniquement sur un membre, à la racine du bras ou de la jambe, au-dessus de la blessure. Nous avons, en reportage sur le front, ces objets de secours en permanence sur nous dans une mini-trousse attachée à nos gilets pare-balles. Il n'est pas inutile de revoir ce qu'il y a dans cette fameuse pochette si familière que nous espérons ne jamais ouvrir. Pendant le stage, je pose un garrot plusieurs fois tout en me demandant si j'aurais le même sang-froid sur une réelle ligne de front. Une fausse prise d'otage est aussi simulée. Je suis dispensée de l'exercice.

De fausses mines sont aussi posées derrière des portes : nous apprenons à les repérer même quand elles sont savamment dissimulées. Je me souviens d'un tournage en Ukraine avec des démineurs sur la ligne de front. J'entends encore mon cœur battre anormalement fort tant le démineur qui nous précède est tendu. J'ai peur qu'il saute. Je ne pense qu'à cela, je compte les secondes pour me prouver que le temps passe et qu'il est toujours bien vivant. Il découvre devant nous un double piège. Lorsqu'il essaie de désamorcer le premier, le deuxième caché en dessous est supposé exploser. Heureusement le soldat démineur connaît ce piège : il nous demande de reculer et le fait exploser de loin.

Les mines antipersonnel sont l'une des grandes tragédies des guerres, elles font leur retour ces dernières années. Il est bien loin le traité d'Ottawa. En 1997, il interdit l'acquisition, la production, le stockage et l'utilisation de mines antipersonnel. Cela reste une grande victoire. Mais de nombreux pays, y compris parmi les cent trente-trois signataires, utilisent encore ces engins explosifs. Ces armes ne font aucune distinction entre les civils et les militaires. Les victimes qui survivent à l'explosion de ces mines doivent souvent être amputées, elles passeront par de nombreuses opérations et leur vie ne sera plus jamais la même. Quand les guerres s'achèvent, ces engins continuent à mutiler malgré tout. Et c'est précisément le but de cette arme des lâches : terroriser les populations civiles et les empêcher de revenir après un conflit, empêcher toute reprise de vie sociale, économique et agricole pendant des années, voire des décennies.

Je quitte la Syrie avant la chute de Baghouz. Le dernier réduit tombe un mois plus tard, le 24 mars 2019, après des combats acharnés. Le califat autoproclamé redevient une idéologie, un projet djihadiste, ce n'est plus un territoire géographique. Mais ses idées ont durablement gangrené les esprits. Certains djihadistes ont réussi à fuir, beaucoup ont été tués, d'autres ont été capturés et emprisonnés dans des centres de détention gérés par les Kurdes. Les femmes et les enfants ont été placés dans des camps insalubres, immenses et fermés où perdurent la nostalgie du califat et l'espoir de reconquête. Des bombes à retardement que l'Occident refuse de regarder.

Je suis justement de retour, un mois plus tard, dans le camp d'al-Hol, la plus grande prison à ciel ouvert du monde dans le Nord-Est syrien contrôlé par les instances arabo-kurdes du Rojava. Soixante-dix mille femmes et enfants y sont regroupés, le site n'est prévu que pour vingt mille personnes. Elles sont soupçonnées d'être des proches de combattants djihadistes de l'EI, d'avoir épousé des hommes dont elles partageaient l'idéologie. Le camp est au bord de l'explosion quand nous arrivons. Je retrouve les tenues noires des femmes de Baghouz. Elles sont des dizaines à frapper contre les barrières de métal. Elles s'insurgent contre leurs conditions de vie. La tension est extrême avec les gardiens kurdes chargés de la surveillance. Ils m'expliquent que les plus violentes et les plus extrémistes sont les Françaises, les Belges, les Russes, les Australiennes. Ils racontent la guerre à l'intérieur du camp entre radicales et ultra-radicales. Même derrière les barbelés, Daech est en train de se reconstituer avec ses codes et sa violence. Pour des raisons de sécurité, les étrangères sont détenues dans une section à part du camp. J'insiste pour visiter cette section. Les Kurdes acceptent avec réticence. Ils ont tant de problèmes à gérer qu'ils finissent par nous oublier.

Nous nous retrouvons seuls sans escorte dans un infernal dédale de toiles de tentes. Un enfant haut comme trois pommes fait semblant de se trancher la gorge avec son pouce en me regardant fixement. Le geste est incroyablement lent, parfaitement assumé. Je n'ai jamais oublié ce succédané d'égorgement mimé par un bambin nourri à l'islam radical et à la haine de l'Occident. Il est une composante de la bombe à retardement. Je demande où sont les tentes des Françaises. Des femmes nous indiquent un chemin auquel nous ne comprenons rien. Impossible de se repérer. Après de longs errements dans cette partie du camp, nous trouvons les Françaises. Elles sont plusieurs sous la même tente, elles étaient à Baghouz avant d'être transférées ici après leur arrestation par les forces kurdes. De trois cents à cinq cents femmes ont rejoint la zone irako-syrienne sous le règne de Daech : certaines d'entre elles sont désormais ici.

Elles vivent dans un dénuement extrême. Quelques matelas, des couvertures, des ustensiles de cuisine sales, des poubelles, des couches jonchent le sol. Un bébé dans les bras de sa mère attire mon attention, il souffre de toute évidence de malnutrition. J'ai gardé l'image précise et violente de la couleur de sa peau grise. Près du nourrisson, une fillette blessée lors de l'assaut final sur Baghouz aurait besoin de soins. La balle qu'elle a reçue dans la joue n'a toujours pas été extraite. Sa langue, son palais, ses dents sont partiellement détruits. Elle a les plus grandes difficultés à s'alimenter. J'ai à nouveau cette colère qui monte en moi. Comment ces enfants innocents se retrouvent-ils dans cette nasse misérable ? Qui va les secourir ? Les mères me disent pourtant ne rien regretter. Elles se plaignent de leurs terribles conditions de vie et se disent menacées par des femmes « plus extrémistes » qu'elles dans ce camp. Elles nous expliquent qu'elles ont peur. Les gardiens kurdes réfutent catégoriquement cette version. Selon eux, ces femmes françaises seraient précisément celles qui menacent les autres. Elles attaqueraient celles qui se dévoilent et pratiqueraient un islam modéré. Six mille cinq cents enfants étrangers vivent dans le camp quand je le visite en 2019, la plupart y sont toujours en 2024. L'été dans ce désert, la chaleur est accablante, l'hiver, le froid est mordant. Certains pays, dont la France, acceptent le rapatriement des mineurs et de leur mère mais au compte-gouttes et au cas par cas. Selon le ministère des Affaires étrangères, cent soixante-neuf enfants ont été rapatriés de Syrie depuis 2019. Une centaine de petits Français seraient encore sur place car leurs mères refuseraient de partir, peut-être pour échapper à de lourdes peines en France.

Chapitre 12

La pandémie de Covid et le grand reportage de proximité
France, mars 2020

« Nous sommes en guerre » : un homme de quatre-vingt-seize ans, ancien instituteur, écoute Emmanuel Macron prononcer cette phrase le 16 mars 2020 en direct à 20 heures à la télévision. Le pensionnaire de cet Ehpad près de Nîmes se demande bien, devant le petit écran, ce que le chef de l'État veut dire. Ce lexique combatif contre la pandémie de Covid ne présage rien de bon, lui qui a traversé de vraies guerres.

Je ne suis pas avec ce retraité ce jour-là, je rencontre ce résident d'un établissement pour personnes âgées dépendantes, plus tard, en avril 2020, lors du premier confinement décidé par les autorités françaises. Les mesures ne concernent pas les reporters, nous avons des dérogations nous permettant de travailler, de circuler et de voyager. Le journal télévisé est plus regardé que jamais. Les événements sont inédits, les Français sont chez eux, abasourdis et avides d'informations. Nous sommes donc en reportage sur les routes de France, en régions, pour rendre compte de cette période inimaginable et pourtant bien réelle.

Nous roulons sur des axes désertés, dormons dans des hôtels où il n'y a que nous, achetons des salades à emporter dans les supermarchés ouverts. Nous formons une belle équipe, soudée et sensible à ce qui se passe dans les Ehpad. Les résidents âgés de ces lieux de vie sont particulièrement vulnérables aux infections virales, et par conséquent à la Covid-19. Les autorités ont donc pris des décisions radicales. La limitation et souvent l'interdiction totale de visites des membres de la famille et des proches sont décidées, l'isolement en chambre devient la règle. Les pensionnaires de ces établissements sont les premiers Français confinés. La détresse psychologique des personnes vivant dans ces Ehpad ou en maison de retraite pendant le premier confinement est, je crois, l'une des choses les plus choquantes qu'il m'ait été donné de voir en France. Le désarroi absolu lu dans le regard de nombreuses personnes âgées m'a bouleversée, comme il a tétanisé mon équipe. Je me souviens des larmes roulant sur les joues de la journaliste reporter d'images derrière sa caméra. C'est une femme talentueuse, habituée aux zones de guerre, et elle pleure en silence, le regard rivé sur l'œilleton de son appareil, en écoutant ces hommes et ces femmes.

Ce que nous racontent ces personnes âgées est d'une tristesse infinie. Je me demande si notre nation n'est pas en train de sombrer puisqu'elle peut imposer une telle solitude à une partie de sa population la plus fragile. Il s'agit de protéger les personnes âgées, mais c'est, en fait, bien souvent, une mort lente que vivent ces hommes et ces femmes. Un rapport commandé par le pouvoir exécutif remis, plus tard, en novembre 2023, parle de « situation inhumaine », et c'est exactement ce dont nous sommes témoins en ce mois d'avril 2020. Une responsable d'Ehpad accepte courageusement de nous laisser entrer dans son établissement pour que nous discutions avec les résidents. Elle est entourée d'une équipe totalement dédiée et bienveillante qui tente l'impossible pour rendre la vie des personnes âgées plus supportable. Mais rien ne fonctionne. Les pensionnaires s'enfoncent dans « l'abandon », selon les propres termes de la responsable du centre.

Notre premier échange concerne donc cet instituteur à la retraite. Comme tous les autres résidents, il est confiné dans sa chambre. Nous n'entrons pas dans la pièce pour des raisons sanitaires. La caméra reste dans le couloir, face à la porte ouverte. Elle est installée sur pied. Je me tiens dans l'embrasure de la porte avec une longue perche pour enregistrer, sans m'approcher, le témoignage du vieil homme élégant. Nous portons des gants, une blouse, une surblouse, une charlotte et un masque. Nous sommes à 4 mètres de cet être humain à qui nous parlons.

M. Joseph est assis sur son fauteuil, il porte un pull en laine et des chaussons. Il lit le quotidien régional et ensuite, en cruciverbiste avisé, il remplit les grilles de mots croisés. Nous le filmons. Il reste silencieux. Je remarque un petit bouquet de fleurs fraîches sur la table, la télécommande, le lit. Un univers restreint duquel il n'est pas sorti depuis le 11 mars, c'est-à-dire depuis près de six semaines. Une aide-soignante lui apporte son repas. Elle a plusieurs mots gentils et attentionnés, puis elle laisse le plateau sur la table. Elle sort. M. Joseph commence à manger, seul, devant son plat réchauffé. Il n'a pas d'appétit, regarde dans le vide face à lui et oublie que nous sommes à quelques mètres.

La solitude s'est installée depuis des jours et des jours, elle enveloppe chaque minute, chaque seconde. J'entends le tic-tac d'une horloge ancienne installée dans le couloir. Le temps semble s'être arrêté. Aucun espoir de visites de proches ou de discussions avec d'autres pensionnaires. Il faut avaler sa pitance et ne pas se plaindre. Puisque les autorités pensent que cet isolement est nécessaire. Quand il semble ne plus souhaiter manger, je lui demande s'il est toujours d'accord pour que je lui pose quelques questions. « Mais oui, bien sûr, dit-il avec plaisir. Je m'installe dans mon fauteuil ? » demande-t-il. Je vois son regard s'animer, son corps se mouvoir doucement mais fermement. Je crois qu'il est heureux de pouvoir parler, raconter, je le regarde sortir de cette zone de désertion où il s'était installé. Je lui demande comment il se sent.

Il me répond, sans réfléchir, en énumérant ce qui lui manque : « C'est d'embrasser mes enfants, de parler avec eux, de leur vie, de la mienne, d'échanger avec mes enfants : voilà ce qui me manque. » Il soupire, me regarde, sa bouche tremble d'émotion, il a des larmes dans les yeux.

« Tout cela vous rend triste ? — Oui je suis triste, ils me manquent tellement. » M. Joseph est un homme habituellement très entouré. Ses enfants viennent chaque semaine et restent bavarder avec lui. Ils se relaient pour qu'il ne se sente jamais abandonné. Mais la pandémie a détruit ce fil qui lui permettait de savoir, au seuil de sa longue vie, qu'il était aimé, chéri. Six semaines qu'il ne les a pas vus ! Il ne doute pas un instant que ses enfants l'aiment mais tout devient flou. Il ne sait plus. C'est ce que la responsable de l'établissement appelle le « glissement ». Ce syndrome concerne des personnes âgées fragilisées par un événement. Elles se laissent aller vers la mort. Le confinement dans les chambres et la suppression des visites provoquent le glissement de nombreux résidents.

Mme Jeanne, quatre-vingt-dix-sept ans, ne s'alimente presque plus. Nous avons changé de chambre. Je m'installe à nouveau dans l'entrebâillement de la porte. Elle est assise dans un fauteuil roulant, elle porte un châle coloré de fleurs roses au-dessus d'un gilet en laine. Elle a toujours froid. Elle tient dans ses mains un mouchoir. Ses jolies boucles d'oreilles couleur or racontent un peu sa jeunesse, sa vie. Son alliance parle de ce mariage vécu il y a longtemps. Sa tête penche légèrement vers le buste parce qu'elle ne peut plus se tenir droite. Chloé, notre JRI, tourne avec délicatesse. Le visage penché de la vieille dame en gros plan est incroyablement puissant, il dégage une grande force et une incommensurable fragilité. Elle raconte. Et ce soir-là, les téléspectateurs du journal de 20 heures ne peuvent pas rester insensibles. Aujourd'hui encore, quatre ans plus tard, on me parle encore de la dame de l'Ehpad. Elle ne comprend pas pourquoi elle doit rester seule dans sa chambre. Elle donne ses arguments calmement, elle n'a plus assez d'énergie pour être fâchée, mais je suis certaine qu'autrefois elle ne s'en laissait pas conter.

«Je ne peux même pas aller chez ma voisine de chambre, on ne peut même pas discuter. Je suis toute la journée enfermée là-dedans. C'est pas une vie à quatre-vingt-dix-sept ans.» Je lui réponds, de loin, en criant un peu car elle entend mal: «C'est à cause du virus, madame.» Et elle a cette réponse que je connais encore par cœur: «Oui, oui, je comprends bien, mais ma voisine n'a pas le virus, et moi non plus, je ne l'ai pas. On pourrait quand même se voir de temps en temps, discuter un peu.» Il faut imaginer la scène: une dame âgée vous parle de sa grande solitude et vous devez rester à 4 mètres d'elle et lui crier vos questions. «Vous ne mangez plus? — Je me force parce que mes enfants rouspètent, ils me disent: "Maman, tiens le coup jusqu'au bout!"»

Mme Jeanne essuie ses yeux pleins de tourments avec le mouchoir. Une aide-soignante reste agenouillée près du fauteuil pendant notre conversation. Elle nous explique que cette dame âgée mais alerte intellectuellement voyait ses enfants et son mari très régulièrement avant l'épidémie. « Son époux et sa famille sont un pilier pour elle, sans eux, vivre n'a plus de sens. » La vieille dame écoute et ajoute : « Mes enfants venaient tous les jours, c'était l'un, et le lendemain c'était l'autre. » Mme Jeanne en a perdu toute envie de s'alimenter.

Nous sortons quelques instants de l'établissement pour tourner des images extérieures. Nous voyons cet homme assis sur une chaise pliante. Il attend patiemment en regardant les fenêtres et les balcons. Le soleil chauffe, il me sourit et me dit qu'il aurait dû prendre sa casquette. Je comprends qu'il attend son épouse. Elle va apparaître au balcon, me dit-il, celui du rez-de-chaussée, à droite. Il vient ainsi deux fois par jour depuis six semaines. Si le temps est mauvais, il prend sa chaise pliante et son parapluie. Rien ne l'arrête, voir son épouse, ne serait-ce que quelques secondes, même à dix mètres de distance, c'est sa raison de vivre. « Ah mais regardez, voici Juliette. » Nous distinguons la frêle silhouette de la femme tant aimée s'avancer vers le fer forgé du petit balcon. Ils ne peuvent pas vraiment s'entendre, ils sont trop éloignés l'un de l'autre. Elle le regarde, il lui renvoie un regard plein d'amour. Un massif de plantes les sépare. Je l'entends distinctement dire qu'elle n'a pas le moral. Il lui explique de loin que tout va changer, que de nouvelles mesures vont rendre les visites plus faciles. Elle n'entend pas bien, elle ne comprend plus très bien. C'est le fameux glissement. Il s'inquiète beaucoup pour son épouse, il bénit le ciel de pouvoir bientôt enfin se tenir dans la même pièce qu'elle. Il ne pourra pas l'embrasser, mais au moins il lui parlera.

Car les cadres de santé, les infirmières, les aides-soignantes des Ehpad viennent d'obtenir une grande victoire. Ils demandaient depuis plusieurs jours un assouplissement du confinement pour redonner de l'espoir aux résidents. Le gouvernement vient de leur donner raison. À partir du 27 avril 2020, les pensionnaires pourront recevoir leurs enfants, leurs petits-enfants, leurs maris, leurs épouses, leurs compagnons. Certes, cela sera très encadré, et les contacts physiques ne seront pas possibles, il faudra se tenir à 1,50 mètre de distance de l'être cher. Mais le fatal isolement est rompu.

Je vois la souffrance des personnes âgées et je comprends, comme des milliers de parents, combien ce n'est pas simple pour nos enfants. Notre fils aîné est en première année dans une université à Milan quand l'épidémie s'installe. Il se réjouissait de partir étudier à l'étranger. Rien ne se passe comme prévu. L'Italie est l'un des premiers pays, en dehors de la Chine, à expérimenter une propagation dramatique du virus. La région la plus touchée est la Lombardie, dans le nord du pays, avec Milan pour capitale. Notre fils est au cœur de cette tourmente. Il nous raconte, dès le début du mois de mars, que le campus où il vit est en train de se vider. Comme je suis toujours optimiste, je lui conseille de patienter un peu, de ne pas rentrer en France tout de suite. Je pense encore que les choses peuvent s'arranger. Je suis, je crois, tellement habituée aux drames et aux catastrophes que j'ai tendance à minimiser ce qui nous concerne, moi et les miens. Notre fils est donc l'un des derniers étudiants à quitter les logements de l'université au début du mois de mars. Nous trouvons un billet de train pour Paris à prix d'or. L'enseignement à distance devient la règle, il va s'installer durablement, y compris lors de l'année universitaire suivante. Les cours avec les autres, les discussions, les cafés et les bières partagés après l'amphithéâtre, tout cela disparaît. Il faut apprendre à étudier seul, à retrouver sa chambre de lycéen et à se projeter vers des jours meilleurs. Moi qui ai tant aimé mes années d'études à l'école de journalisme, l'échange avec les autres, les débats, je comprends le séisme pour nos enfants. Et aussi ce dont ils sont privés.

Notre deuxième garçon est en classe de seconde, les cours sont suspendus. Parce que je vais souvent en reportage, et malgré ma vigilance, j'attrape la Covid à deux reprises, mes enfants aussi. Nous voici donc tous les trois à la maison. Je suis depuis peu séparée du père de mes enfants. C'est un moment particulier pour notre famille. Nous sommes chanceux car nous ne sommes pas vraiment souffrants et nous avons peu de symptômes. Je me souviens de ces semaines

« covidées » comme d'étranges parenthèses. Il fait beau dans notre jardin, mais le virus tue. À ce jour, il a provoqué le décès de plus de 167 000 personnes en France, 7 millions dans le monde.

Chapitre 13

Le retour des talibans
Afghanistan, 2021

Le 15 août 2021, les talibans reviennent au pouvoir à Kaboul. Au cœur de cet été 2021, les Américains sont obligés de précipiter leur retrait du pays amorcé depuis plusieurs mois. Les fondamentalistes s'approchent de la capitale au terme d'une offensive éclair, il est donc devenu impossible de garantir la sécurité des troupes américaines encore présentes et des ressortissants étrangers. Washington est intervenu en 2001 en Afghanistan, sur ordre de George W. Bush, pour renverser les talibans. Un régime accusé d'avoir offert un refuge à Oussama Ben Laden, fondateur d'al-Qaida, et le cerveau des attentats du 11 Septembre. Vingt ans plus tard, à l'issue de la guerre la plus longue menée par les États-Unis, les Américains quittent ce pays avec un sentiment d'échec et laissent les talibans reprendre le pouvoir. Oussama Ben Laden a certes été tué au Pakistan mais la vaste entreprise de reconstruction de l'Afghanistan, le fameux *nation building*, a tourné court. « Les Américains ont perdu la guerre en Afghanistan », dira le chef d'état-major américain Mark Milley.

Alors, en ce mois d'août, le monde découvre les images déchirantes d'Afghans et d'Afghanes essayant désespérément de fuir, s'accrochant à un avion sur le tarmac de l'aéroport de la capitale. Ces scènes tragiques ne sont que les prémices de la descente aux enfers de ce pays avec le retour des fondamentalistes. Un mois et demi après l'installation du régime taliban, j'y suis en tournage avec une équipe. Une nuit noire va progressivement s'installer sur la vie des Afghans et plus particulièrement sur celle des femmes afghanes. Nous assistons à l'impensable. Les larmes d'une mère tellement pauvre qu'elle est sur le point de vendre son bébé. C'est un homme afghan extraordinaire qui nous a parlé de cette terrible histoire. Avant de vous la détailler, il me faut vous conter cet homme tout aussi remarquable que modeste.

Je suis en effet à Kaboul avec l'un des plus brillants fixeurs avec qui il m'ait été donné de travailler. Ce journaliste franco-afghan vit en France où il a obtenu le statut de réfugié politique. En 2015, il a dû fuir l'Afghanistan après avoir réalisé un courageux reportage sur la culture de l'opium. L'homme avec lequel il a coécrit ce récit a été décapité par les fondamentalistes. L'opium finance leur mouvement, ceux qui osent dénoncer cette réalité doivent être éliminés. Mortaza Behboudi n'a pas eu d'autre solution que de trouver refuge à l'ambassade de France où un conseiller bienveillant accepta de l'aider. Voilà comment cet Afghan se retrouve à Paris, sans le sou, sans domicile mais avec un courage et un optimisme à déplacer des montagnes. Il réussit à contacter la Maison des journalistes à Paris. Cette association indispensable aide les exilés qui travaillaient dans les médias de leur pays d'origine. Il y est logé dans un premier temps, sauvé en quelque sorte. Mortaza apprend le français, commence à écrire dans notre langue et obtient la carte de presse française. Quand il me raconte ce parcours exemplaire, je me sens minuscule.

J'ai contacté Mortaza Behboudi alors que je cherchais à réaliser un reportage sur les réfugiés afghans en France. Quand je l'appelle pour la première fois, il est au Festival de Cannes ! Dans un français impeccable, il m'explique qu'il couvre le festival pour un média anglais. Il ajoute modestement qu'en même temps il présente son dernier film : *Moria par-delà l'enfer* ! Il s'agit d'un excellent reportage sur le plus grand camp de réfugiés d'Europe, sur l'île de Lesbos, en Grèce. Mortaza s'intéresse sincèrement aux vies ignorées ou brisées. Il sait de quoi il parle. Il est extrêmement gentil, prend le temps de m'écouter alors qu'il est occupé en plein festival. Nous évoquons ce sujet que je dois réaliser en France et il m'aide volontiers, me donne de nombreux contacts. Je garde précieusement son numéro et le transmets à une de mes consœurs chez France Télévisions. Alors qu'elle doit partir en urgence à Kaboul lors du retour des talibans, elle contacte Mortaza qui accepte de travailler avec elle en Afghanistan. Ce sera le début d'une collaboration avec France Télévisions et de nombreux autres médias. Étonnamment, il n'a plus peur, il est transporté par le désir de couvrir l'actualité de son pays. Mortaza enchaîne les allers-retours entre la France et l'Afghanistan, dont quelques missions avec moi. Ses papiers sont parfaitement en règle, il est titulaire d'une carte de presse.

Un jour pourtant, sans aucune raison valable, les choses se passent mal alors qu'il est seul à Kaboul en tournage pour un quotidien de presse écrite. Il prend des photos devant une université. Il est arrêté par les services de renseignements talibans le 7 janvier 2023 et va passer dix mois en prison dans des conditions particulièrement difficiles. Un comité de soutien très actif se met en place, porté par une jeune femme amoureuse et bienveillante : Aleksandra Mostovaja, la fiancée de Mortaza. Il est finalement libéré. De retour en France, le journaliste raconte ses souffrances avec pudeur dans quelques médias de presse écrite et dans le journal de 20 heures de France 2. Puis il se remet au travail. Il est désormais salarié de France Télévisions. Il reste pour moi un modèle de résilience, de modestie, de joie et d'appétit de vivre. À l'été 2024, il épouse sa bien-aimée en Bretagne. J'ai toujours pensé qu'un jour, si les talibans quittent le pouvoir, il sera appelé à de grandes fonctions dans son pays. Ce serait extraordinaire.

Une mère vient donc de prendre une terrible décision. Elle a longuement discuté avec son mari, le père de l'enfant. Il faut vendre le bébé. Elle le tient avec précaution et tendresse dans ses bras, dans cette rue de Kaboul. Il a un mois et deux jours. C'est une fille. J'observe ce visage d'ange, le bonnet, les mains minuscules, émouvantes. Cet être lové dans les bras protecteurs d'une femme aimante. Je me demande si le bébé ressent, d'une manière ou d'une autre, le désespoir profond qui envahit ce corps qui l'a porté pendant neuf mois. J'essaie, le temps d'une seconde, d'imaginer, le puits sans fin de souffrance. Souvent je tente de me mettre à la place de ces personnes aux histoires tragiques tellement éloignées de ma vie. Mais bien sûr, je n'y parviens pas. Dans mon monde, il n'est pas imaginable de vendre son enfant. Dans ma vie protégée et privilégiée, mes enfants n'ont jamais été à vendre. Dans cette rue de la capitale afghane, cette réalité reste une abstraction, une douleur écrasante que je ne peux même pas toucher du doigt. Il faut donc écouter ce couple expliquer, à défaut de ressentir vraiment l'ampleur du tsunami de malheur.

Le père porte l'autre enfant dans ses bras. Il est plus grand, c'est un garçon de trois ans. L'homme est maçon, il n'a plus de travail, plus d'argent. Des larmes silencieuses coulent le long des joues de la jeune femme. Une gouttelette de détresse tombe sur le front du bébé. Je songe à essuyer la peau du nourrisson, dans un geste inutile et déplacé. Je m'abstiens. Je ne permettrai pas de toucher son bébé. Elle est jeune, elle porte un masque car l'épidémie de Covid sévit encore. Ses cheveux sont recouverts d'un voile coloré de fleurs roses sur fond marron. Elle me semble belle, et si fragile.

Elle raconte: «Une personne nous a proposé d'acheter notre enfant, on est devenu tellement pauvre ces deux derniers mois que l'on a dû s'y résoudre.» Le père prend le relais car son épouse n'a plus de mots: «On n'a pas encore fixé le prix, ils nous ont dit de venir chez eux la semaine prochaine pour en discuter.»

Je leur demande, grâce à la traduction de Mortaza, s'ils sont d'accord pour que nous racontions leur histoire à la télévision. Dans ce cas, il faudrait que nous puissions les filmer. C'est chaque fois la grande difficulté du reportage télévisé. En presse écrite, vous n'avez pas cet impératif. Je comprends leur réticence. Il faut supporter le torrent de supplices et en plus ces journalistes occidentaux qu'ils ne reverront jamais. Ils acceptent car «ils n'ont plus rien à perdre», me dit Mortaza. Mais ils demandent que notre JRI reste de l'autre côté de la rue. Il filme, de loin, avec tact et discrétion. Comme si nous devenions une bouée de sauvetage, ils proposent finalement que nous les suivions. Ils veulent que nous nous rendions compte de la manière dont ils vivent, ils voudraient que nous comprenions.

Nous suivons les deux frêles silhouettes, les deux adultes avec chacun un enfant dans les bras. Ils marchent vite dans l'enfer de la circulation de

Kaboul. Ils vivent dans un camp de déplacés en plein centre-ville. Ils sont originaires d'une région du centre de l'Afghanistan. Ils sont venus dans la capitale du pays parce qu'ils craignaient l'arrivée des talibans. Ils ne pouvaient pas imaginer que les fondamentalistes prendraient tout le pays. Ils ont donc échoué dans ce campement. C'est un dédale de toiles de tentes, de bâches en guise de toits. Des cordes à linge ont été installées entre chaque « habitation » précaire. Ce n'est, bien sûr, pas la première fois que je vois un camp de réfugiés. Mais je ressens toujours le même choc face à ce déracinement subi. Il pulvérise les âmes, les cœurs, les histoires, les liens construits au fil du temps. Il faut beaucoup de force de vie et de courage pour se reconstruire après l'abandon du passé. Le monde regorge d'êtres inspirants qui ont su se réinventer un destin après avoir tout laissé derrière eux. Mais peut-on survivre à la vente de son bébé ?

La jeune femme et son mari nous conduisent vers leur espace de vie minuscule. Dans la petite tente conçue pour deux personnes, ils s'installent. Nous les laissons quelques instants pour écouter les autres déplacés. Ils se regroupent autour de notre équipe, de plus en plus nombreux. Ils confirment que, régulièrement, des Afghans arpentent les allées du camp. Ils cherchent à acheter des enfants. Ils connaissent la situation du jeune couple que nous suivons. Ils expliquent qu'il s'agit de vendre le bébé à un homme et à une femme mariés qui ne parviennent pas à avoir d'enfants. Ces deux personnes sont venues elles-mêmes, elles sont allées, de tente en tente, pour trouver une famille acceptant le terrible marché. Je retourne voir notre couple, ils me confirment cette information. Ils ont rendez-vous avec les « acheteurs » dans les prochains jours pour négocier un prix. Je comprends leur gêne quand j'essaie de connaître le montant. Je n'insiste pas.

Nous sortons de ce camp étourdis et stupéfaits. Nous savons qu'il n'y a, pour l'instant, plus aucune ONG à Kaboul. Elles ont quitté le pays quand les talibans ont pris le pouvoir. Les jours suivants, nous cherchons une ONG locale qui pourrait les aider. Mortaza connaît beaucoup de gens, il réussit à sensibiliser une association de femmes. Elles luttent contre la précarité des familles déplacées. Cette association accepte de secourir notre couple en l'aidant financièrement. Finalement, la petite fille n'est pas vendue. Deux semaines plus tard, nous ne sommes plus là quand la jeune femme et son mari quittent le camp pour rentrer chez eux dans le centre du pays en bus. Ils sont quatre : les parents, le garçonnet et le bébé. Les reverrai-je un jour ?

Les talibans viennent de créer un nouveau ministère. Son intitulé est tellement improbable que je n'arrive pas à le croire. Je veux le voir écrit noir sur blanc. Nous arrivons devant le fameux bâtiment officiel. Et c'est bien cela : ministère de la Promotion de la vertu et de la Répression du vice. En voilà, un programme ! Je ne sais pas s'il faut en rire ou en pleurer. Je demande depuis plusieurs jours à rencontrer le ministre chargé de cette mission divine et répressive. Ce n'est pas possible, me fait-on savoir. Qu'à cela ne tienne, puis-je voir un adjoint, un conseiller, peu importe, mais quelqu'un ? Nous n'aurons, finalement, jamais de rendez-vous. Les talibans, en quête de respectabilité internationale, ne veulent pas évoquer, devant une caméra, les nouveaux interdits qui concernent surtout les femmes. Ils sont encore dans une tentative de séduction de l'Occident. Ils prétendent qu'ils ont changé. Ils expliquent que le régime taliban ne sera pas celui qui sévissait vingt ans auparavant. Ils tentent de donner une image plus modérée de leur pouvoir. Mais c'est uniquement parce qu'ils espèrent des aides financières massives de l'Ouest. J'ai de sérieux doutes sur leurs capacités d'amendement.

Une petite scène vécue dans une rue de Kaboul m'incite au pessimisme. Nous venons de tourner une séquence avec un groupe de talibans chargés de la sécurité dans les rues. Kalachnikov en bandoulière, ils disent ne pas être de Kaboul. Cheveux longs, maquillage noir sous les yeux, turban noué sur la tête et tenues dépareillées. Certains sont en uniforme pseudo-militaire, d'autres en robe traditionnelle afghane, pantalon ample et tunique longue. Parfois ils ont des allures de va-nu-pieds descendus de je ne sais quelle montagne reculée. Ces nouveaux maîtres de Kaboul me regardent avec un certain mépris car je suis une femme. J'ai l'habitude, je n'y prête aucune attention ou si peu. Quand nous partons, ils demandent s'ils peuvent prendre une photo avec l'équipe. Mais pas avec moi. Je ne dois pas être sur le cliché. Je ne comprends pas tout de suite et l'un des hommes me fait signe de me pousser. Ma petite personne n'a aucune importance dans le torrent d'obscurantisme qui est en train d'engloutir l'Afghanistan, mais cette exclusion de la photo ne m'inspire rien de bon. Malgré ces difficultés liées au fait d'être une femme, je réussis à travailler dans ce pays. Si j'étais un homme, je serais certainement moins méprisée, mais je m'impose au forceps, comme le font mes consœurs.

Les talibans ont, par exemple, ordonné la fermeture de tous les salons de beauté. Ils devront réitérer l'interdiction à l'été 2023 car, dans l'immédiat, personne n'obtempère. Une forme de résistance s'organise. Les femmes continuent à fréquenter ces instituts. De l'extérieur, le passant pense que celui que nous avons repéré est fermé, les fenêtres sont obscurcies par de lourds rideaux sombres. Mais, à l'intérieur, c'est l'effervescence, le règne de la beauté et du soin du visage. J'y suis seule car mon équipe est composée d'hommes. Ils ne peuvent pas entrer même si la propriétaire est très ouverte et gentiment exubérante. Cela n'a rien à voir avec les talibans, c'est simplement que les hommes ne seraient pas ici à leur place, m'explique-t-elle. Je prends exceptionnellement la caméra et je tourne la séquence. La responsable du lieu maquille une femme mariée. C'est un grimage à l'afghane, c'est-à-dire très prononcé. Elle brave les interdits des talibans, elle refuse d'obéir et souhaite témoigner à visage découvert. « Les talibans n'acceptent pas notre travail, me dit-elle, ils prétendent que le maquillage n'est pas compatible avec la charia, que notre travail est sale. Je prends des risques en faisant cela, ajoute-t-elle, mais j'assume. » La jeune promise ne dit pas autre chose. Elle ne supporte pas ces fondamentalistes « de malheur » qui pensent régenter la vie et le corps des femmes. Son futur mari d'ailleurs est tout à fait d'accord avec elle.

Malgré la répression, les femmes sont nombreuses à continuer à se battre pour leurs droits. Les manifestations sont difficilement tolérées par les talibans. Nous retrouvons un groupe de militantes à l'abri des regards dans un petit restaurant chaleureux dont Kaboul a le secret. Elles nous montrent sur leur téléphone le dernier rassemblement, trois jours plus tôt, auquel elles ont essayé de participer. Elles n'ont même pas eu le temps de déployer leur banderole. Moins d'une minute après être arrivées sur le lieu de rendez-vous, elles ont été dispersées par des talibans en armes. Certaines ont reçu des coups. Je visionne les images violentes qu'elles ont recueillies. Elles ont les yeux remplis de larmes. Parmi elles, une professeure d'université, d'une grande élégance. Son intelligence et sa retenue forcent le respect. Comment peut-on vouloir se passer de son immense savoir ? Comment une telle personnalité peut-elle être reléguée au rang de trois fois rien ? Quels sont les hommes incultes qui ont fomenté une telle hérésie ?

Elle ne parle pas d'elle, mais elle évoque ses élèves, cette génération de jeunes filles qui ne doit pas être sacrifiée sur l'autel de la loi islamique. Elle se dit être révoltée par la récente interdiction pour les jeunes femmes d'étudier à l'université. Ce décret la concerne puisqu'elle ne pourra plus donner de cours. Les talibans interdisent aussi aux organisations non gouvernementales d'employer des femmes. Alors, oui, elle prendra tous les risques, y compris celui de se retrouver en prison pour défendre ses droits. « Quand je sors de chez moi pour manifester, dit-elle, je ne sais pas si je vais revenir vivante, mais si je meurs, j'aurai défendu mes sœurs. Maintenant, c'est ma mission. » Une larme perle sur ses joues. J'imagine ma tête si l'on m'interdisait de travailler ! Aurais-je le courage de ces femmes ? Est-ce que je serais du côté de celles et de ceux qui résistent ?

Je porte un voile, une robe ample et longue. Ce n'est pas le vêtement recommandé par les extrémistes de Kaboul. Sur les portes d'entrée des restaurants, des affiches indiquent désormais la tenue vertueuse conseillée pour les femmes. Une large robe couvrante de la tête aux pieds de couleur bleue : la fameuse burqa qui dissimule aussi les yeux. Une sorte de tissu grillagé au niveau du regard permet aux femmes de voir quand même quelque chose. Pour l'heure, personne n'écoute vraiment les autorités religieuses. C'est un peu comme si elles n'avaient pas les moyens de leurs ordres et de leur politique. Elles ont déjà beaucoup à faire avec les problèmes de sécurité. Un attentat vient de se produire, en ce 3 octobre 2021, devant la deuxième plus importante mosquée de Kaboul. Nous sommes de retour à Kaboul pour une nouvelle mission. Cette attaque terroriste est une humiliation pour les fondamentalistes. Ils ne veulent surtout pas que l'on dise qu'ils ne maîtrisent pas l'ordre. Nous voyons arriver les nombreux blessés à l'hôpital central de Kaboul. L'attentat a été perpétré par les djihadistes de l'État islamique. Ils détestent les talibans. C'est la guerre entre fondamentalistes. Alors les talibans ont, pour l'instant, d'autres chats à fouetter que de poursuivre les femmes non convenablement vêtues. Dans les rues de la capitale, les voiles colorés, dont dépassent les mèches de cheveux, et les tenues bigarrées sont donc beaucoup plus nombreux que les burqas. Devant un restaurant, une jeune femme m'explique dans un anglais parfait qu'elle ne veut pas entendre parler de cette histoire de burqa, personne ne l'obligera à porter cette tenue d'un autre âge.

La résistance est aussi menée par les hommes. L'école est maintenant interdite pour les filles de douze à dix-huit ans. Toutefois, certains directeurs d'établissements scolaires refusent de renvoyer les élèves chez elles. Nous marchons dans un dédale de ruelles dans une banlieue de Kaboul. Le responsable d'une école accepte de nous recevoir. Il dit avoir négocié avec les talibans du quartier. Il a séparé les garçons des filles. Mais il n'a accepté que cette concession. Il a refusé de congédier les filles. Pour l'instant les talibans laissent faire. J'apprendrai plus tard que le courageux directeur a finalement dû céder. Mais aujourd'hui, je vois la soif d'apprendre de ces jeunes Afghanes.

Nous filmons un cours, toutes les mains se lèvent, sans exception, quand une professeure pose une question. Je ne peux pas m'empêcher de penser à mes garçons. À l'immense privilège de l'accès à l'éducation. À toutes ces choses que nous tenons pour acquises. La cloche sonne. C'est en fait une douille d'obus sur laquelle frappe une barre de fer. Les stigmates de la guerre sont présents jusque dans la cour d'école. Les filles ont envie de s'exprimer. Elles nous expliquent vouloir être médecin ou encore pilote de chasse. « Si je deviens pilote de chasse, me dit l'une d'elles, je me battrai pour défendre le droit des femmes et protéger mon pays. » Aujourd'hui ces jeunes Afghanes sont chez elles, dans leur maison, privées d'éducation. Quelle tragédie ! Un taliban m'explique doctement la raison de cette décision : « Nous ne sommes pas contre leur éducation, mais il n'y a pas assez de sécurité pour qu'elles puissent sortir et assister à des cours. » C'était en octobre 2021 et l'école est toujours interdite pour les filles âgées de douze à dix-huit ans en Afghanistan. Les portes des universités leur sont aussi fermées. L'argument du manque de sécurité était bien sûr un prétexte.

Le sport pour les femmes est aussi proscrit. Mais en toute discrétion, des jeunes filles adeptes de sports de combat continuent de s'entraîner. Leurs clubs ont été fermés mais elles contournent l'interdit. Nous sommes dans la maison d'un entraîneur de taekwondo. J'observe ces athlètes en tenue de sport pratiquer cet art martial avec panache. Puisqu'il n'y a plus de compétitions possibles, elles inventent des joutes entre elles. C'est une joyeuse pagaille. Elles sont urbaines et cultivées : les religieux vont avoir du mal à les museler. Ou alors il faudra les mettre en prison. Mais vont-ils enfermer toutes les résistantes de Kaboul pour fonder leur théocratie ? Des athlètes afghanes vivant hors du pays ont participé aux jeux Olympiques de Paris en 2024. Le baroud d'honneur des sportives afghanes.

Pendant ce temps, le pays sombre dans la misère. 24,4 millions d'Afghans, soit 60 % de la population, dépendent de l'aide humanitaire internationale. Puisqu'elle n'est plus acheminée, une partie de la population a faim. Devant les banques de Kaboul, en ce mois d'octobre 2021, des centaines de personnes attendent sous une chaleur accablante. D'un côté les hommes, de l'autre les femmes. Ils et elles vont patienter de longues heures avant de pouvoir enfin retirer l'équivalent des 170 euros autorisés par semaine, c'est-à-dire 13 000 afghanis, la monnaie locale. Un vieil homme se sent mal dans la promiscuité des corps agglutinés. La Banque mondiale a gelé les réserves de la banque centrale afghane, d'où cette pénurie de liquidités et ces restrictions de retrait imposées par le régime. « Si c'est pas malheureux, me dit ce père de famille relativement fortuné. J'ai près de

3 millions d'afghanis sur mon compte et je ne peux retirer que 13 000 afghanis ! Dans ma famille nous sommes douze ! On va mourir de faim ? »

Nous passons dans la file d'attente des femmes. Toutes les classes sociales sont rassemblées et logées à la même enseigne. Depuis la prise de pouvoir des talibans, les salaires des fonctionnaires ne sont plus versés. D'ailleurs, sur les marchés de la capitale, tout est à vendre. Un chef de famille brade son frigo, son lave-linge, son lave-vaisselle. Tout est étalé sur le trottoir dans un capharnaüm d'objets, de couvertures, de vaisselle. Des centaines d'hommes vendent leurs vies : leur lit, leurs maigres possessions. Le père de famille pense que je vais acheter son frigo, il m'assure qu'il fonctionne très bien même s'il n'est pas neuf ! Je lui dis que je suis journaliste, il sort de sa torpeur et veut absolument que nous allions chez lui. Il veut nous montrer l'emplacement du frigo, et du reste. Il veut nous prouver qu'il a besoin de vendre tout cela pour nourrir ses enfants, acheter du pain et de la farine. Nous le suivons. Avant l'arrivée des extrémistes, il vendait des chaussures. Mais plus personne n'achète rien, sauf le strict minimum. La maison, très simple, est donc désormais quasiment vide. La mère me dit que les trois enfants n'ont rien mangé depuis le matin. Il est 16 heures et ils ont juste bu du thé sucré. Si le père réussit à vendre quelque chose sur le marché, ils seront nourris. Sinon il faudra attendre. Comme cela arrive parfois, nous donnons une somme d'argent qui leur permettra de tenir quelques jours. Nous le faisons à titre personnel. J'explique que c'est pour les enfants, que j'ai moi aussi des enfants, que je comprends. Je prends la mère de famille dans mes bras. Je me sens inutile et « riche ». L'ONU parle de risque imminent de famine en Afghanistan. Nous en avons la preuve avec cette famille.

Ce soir-là, avant de rentrer à notre hôtel, nous faisons un détour par l'ambassade d'Iran en Afghanistan. Là aussi des centaines de personnes patientent dans la file d'attente, mais il est interdit de filmer. Les talibans ne veulent pas que l'on puisse dire que les Afghans continuent à essayer de fuir par milliers. Ici, ils espèrent obtenir un visa pour Téhéran. Nous prenons un gros risque en enregistrant ce que nous appelons « un plateau en situation » devant la file indienne. Nous ne pouvons faire qu'une seule prise. Nous ne devons absolument pas être repérés. J'apprends mon texte par cœur dans la voiture. Nous sortons au dernier moment et enregistrons en quinze secondes : le temps exact de ce plateau. Nous partons en trombe. Pas vu, pas pris : notre quotidien. Si nous sommes arrêtés, nous sommes bons pour des heures et des heures de négociations et d'explications dans de sinistres bureaux. J'ai vécu cela de nombreuses fois dans des pays sensibles. Il faut à tout prix travailler tout en évitant les ennuis avec les autorités. Se faufiler et esquiver est tout un art que les équipes de télévision, un peu plus visibles que celles de presse écrite ou de radio, maîtrisent parfois avec maestria.

L'Afghanistan ne se résume pas à Kaboul. Nous prenons l'avion pour Kandahar, le fief des talibans, le cœur politique et religieux du pays. J'ai des envies de vengeance quand je réalise comment sont traitées les femmes dans cette ville située dans le Sud. J'observe les voitures et plus particulièrement les taxis. Ce sont souvent des berlines break avec large coffre arrière. Et je vois cette scène insensée se répéter sous mes yeux médusés. Nous sommes sur une place centrale de la deuxième ville du pays. Des familles entières empruntent des taxis. En Afghanistan, comme dans de nombreux autres pays, il faut toujours parler de la famille au sens large, c'est-à-dire des oncles, des tantes, des grands-mères, des neveux et nièces. Systématiquement les hommes s'installent sur les places avant ou sur les sièges arrière avec les enfants. Et les femmes s'entassent dans les coffres. J'observe cette scène de la vie ordinaire : les silhouettes gantées de noir, recouvertes de la burqa bleue montant dans le véhicule par la cinquième porte, celle du coffre. Elles sont serrées les unes contre les autres, assises sur le plancher du véhicule, comme des animaux domestiques. Les hommes, devant, confortablement installés et gonflés d'importance. Et personne n'aurait l'idée saugrenue de laisser une femme monter devant ! Ici, elles portent toutes la burqa, ce n'est pas nouveau, c'était déjà le cas avant le retour des talibans au pouvoir. À Kandahar, aucune résistance aux fondamentalistes, bien au contraire. Nous sommes en zone pachtoune, cette ethnie leur est largement favorable.

Nous allons passer plusieurs jours dans cette région. Nous n'y interviewons aucune femme. Aucune silhouette bleue ne s'arrêterait pour répondre à une question de journalistes. Les hommes acceptent, même si le fait que je sois une femme ne leur plaît pas beaucoup. De jeunes vendeurs de fruits et légumes choisis au hasard nous disent qu'ils sont très satisfaits du retour des talibans. Avec eux, arguent-ils, il y a beaucoup plus d'ordre et de sécurité. D'ailleurs, les autorités talibanes de Kandahar ont accepté de nous ouvrir les portes de la prison centrale de la ville. Le drapeau blanc de l'Émirat islamique d'Afghanistan flotte. Quand ils ont pris le pouvoir, les talibans ont libéré tous les prisonniers, souvent des hommes de leurs propres rangs condamnés par l'ancien régime, soutenu par les États-Unis. Aujourd'hui, d'autres détenus ont pris la place. Dans une cellule, un homme est assis sur une paillasse. C'est un meurtrier, me dit l'un des gardiens. Le prisonnier a dans ses mains un crayon et un carnet. J'entrevois la fine écriture, les mots serrés, comme si la place allait manquer. Je ne sais rien de lui ou si peu. Il n'a pas encore été jugé, ajoute le gardien, mais il sera vraisemblablement pendu, je ne peux pas vous en dire plus sur son crime. Le détenu ne réagit pas à l'énoncé de cette phrase. Il est déjà ailleurs, dans le monde secret de son carnet de survie. Il a une quarantaine d'années, les cheveux très noirs et un regard absent. La peine de mort existait déjà avant le retour des talibans, mais, désormais, elle se pratique de plus en plus. Le responsable de la section criminelle de la prison prend le temps de m'expliquer la règle en matière de crimes : « S'il n'est pas pardonné par la famille de la victime, le tribunal suivra les lois de la charia, nous respectons notre religion, donc il sera pendu ou pardonné. »

J'insiste pour visiter une autre section de la prison créée récemment par les talibans, celle des toxicomanes. Dans un premier temps, les responsables nient l'existence de cette division. Je refuse de renoncer, je sais qu'elle existe. Finalement, ils nous laissent entrer dans cette partie du centre de détention. Les fondamentalistes n'acceptent pas que les consommateurs de drogue restent dans la rue, ils les privent donc de leur liberté. Et nous voilà devant des dizaines d'hommes et d'adolescents serrés dans une grande cellule. Ce sont, nous dit-on, des consommateurs d'héroïne. Le plus jeune a quinze ans. Certains semblent en situation de manque. Les responsables nous assurent que des médecins les visitent régulièrement. Ils ne sont pas là au moment de notre passage. Selon le chef de la sécurité, « les drogués cassent tout, ils dérangent les gens, c'est pour cela que nous les mettons en prison ». Mais combien de temps vont-ils rester enfermés ? Ma question ne reçoit pas de réponse. Nous sommes priés de quitter les lieux.

Cette fermeté concernant la drogue est toute relative car, lorsqu'il s'agit de la culture du pavot, les talibans, pour l'instant, laissent faire. Cette tolérance ne durera pas. Le 3 avril 2022, le chef suprême des talibans interdira cette culture. Entre-temps, rien ne change. Il nous suffit de rouler quelques heures hors de la ville pour tomber sur un gigantesque marché d'opium. La situation est un peu compliquée pour nous. Nous sommes en lisière du marché dans notre voiture. Des responsables du lieu nous assurent que nous pouvons filmer, mais que c'est à nos risques et périls, ils ne peuvent assurer notre sécurité. Nous voilà bien avancés. Allons-nous nous faire tuer pour cette séquence ? Et c'est l'éternel dilemme qui s'impose à nous. Prendre le risque ou déguerpir au plus vite ? Aucune science exacte, aucun élément rationnel pour décider. Simplement une intuition à suivre et une décision à prendre à plusieurs.

Nous voilà dans les allées du marché. Nous nous fixons nous-mêmes une règle de conduite : tourner le plus vite possible, ne surtout pas s'attarder. Nous faisons quelques plans en travelling sans descendre de la voiture. Puis il faut bien se lancer et aller vers les vendeurs. Des centaines d'échoppes sous des bâches sont alignées les unes à côté des autres. Dans chaque « boutique » en plein air, des hommes en armes se tiennent autour de la marchandise, ils attendent les acheteurs. C'est un marché de gros, ce ne sont donc pas les consommateurs qui se ravitaillent ici, mais des intermédiaires. Kandahar est encore, au moment où nous tournons ces images, une plaque tournante du trafic mondial d'opium. Posés sur la terre, sous chaque tente improvisée, des dizaines de sacs en plastique remplis d'opium. Comment choisir la bonne échoppe ? Celle où on ne se serait pas accueilli par des tirs de kalachnikov. C'est la magie du reportage, ou la récompense de la prise de risque : un groupe d'hommes relativement ouverts nous laisse avancer vers leurs sacs d'opium. Jusqu'ici tout va bien. Nous voilà entourés de dizaines de vendeurs, ils ne semblent pas menaçants. J'explique que nous sommes français, que nous réalisons un reportage sur les talibans de retour au pouvoir. Ce n'est pas vraiment ce qui les intéresse. Ils tiennent à nous montrer la qualité de leur opium. Ils en font chauffer doucement une petite quantité sur une surface métallique sous nos yeux. Nous n'en demandions pas tant ! Ils veulent nous prouver combien c'est du bon opium.

La substance commence à bouillonner légèrement, sa couleur devient plus foncée, son odeur plus fruitée, sa consistance plus visqueuse. L'expert en qualité me regarde très satisfait. J'observe la mixture en opinant du chef, comme si j'en connaissais un rayon sur le sujet. « Je le vends 8 200 afghanis le kilo », me dit-il. C'est l'équivalent de 105 euros. Je lui réponds que nous ne sommes pas acheteurs, et je ris intérieurement, en imaginant la tête de mes patrons si nous sommes arrêtés à la douane à Paris avec des kilos d'opium dans nos valises. J'essaie de revenir à mon sujet au plus vite, la petite séquence de chauffage est parfaitement télégénique, mais nous avions prévu dix minutes hors de la voiture, pas plus, et là, on s'éternise. J'ai besoin de leur réaction sur les nouveaux maîtres du pays. Ils ne se font pas prier. Selon eux, le nouvel interdit concernant l'opium ne serait qu'un discours de façade. « Si les talibans et la communauté internationale nous aident, dit l'un des producteurs, on arrêtera de cultiver le pavot. Mais en attendant, si on ne continue pas, on n'aura rien à manger. »

Ils ignorent encore que les talibans vont progressivement réussir à imposer leur lutte antinarcotique. Selon un rapport de l'Office des Nations unies contre la drogue et le crime datant de novembre 2023, la culture du pavot a chuté d'environ 95 % en Afghanistan. Les fermiers ont perdu 92 % de leurs revenus. Ils ont souvent accepté cette décision, bon gré, mal gré, par peur de la répression. Ils se sont donc considérablement appauvris. Même les Américains sont obligés de reconnaître ce succès des talibans en matière de lutte contre les opiacés.

Cinq mois plus tard, je suis à nouveau en Afghanistan, toujours avec une équipe. La télévision est un sport de groupe, et c'est une partie du charme de ce journalisme filmé. Notre mission est de faire le bilan des interdits concernant les femmes quelques mois après la prise de pouvoir des talibans. Cette fois, nous voici à Herat, une ville située dans l'ouest du pays, près de la frontière avec l'Iran. Dans un centre commercial, un propriétaire de magasin de mode nous montre discrètement ce qu'il a soigneusement dissimulé derrière les longues robes accrochées aux portemanteaux. Des têtes de mannequin en plastique ! Elles ont été tranchées au niveau du cou. Les têtes roulent sur le sol, elles font un bruit étrange, elles sonnent creux.

La scène est glaçante. Comment ces inoffensives têtes en plastique peuvent-elles représenter un danger ? Et pourquoi faut-il les montrer le plus directement possible ? Le vendeur accepte de nous parler mais il chuchote. Les talibans pensent que ces visages sont contraires à la charia, nous dit-il, c'est un peu comme lorsqu'ils faisaient exploser les bouddhas de Bamiyan en 2001. Ces statues monumentales bouddhistes représentaient un patrimoine culturel exceptionnel. Il ajoute qu'il s'est résigné à couper les têtes de ses mannequins, mais dans un geste de résistance il les garde cachées au fond du magasin. Les corps décapités des mannequins sont dans la vitrine recouverts de longues tenues. L'ordre a été édicté soudainement. Dans le centre commercial, nous avons vu les affiches posées par les extrémistes sur les vitrines. Elles expliquent que toutes les représentations de la figure humaine sont désormais interdites et qu'il s'agit d'une simple interprétation de l'islam.

Cette injonction ne concerne pas tout le pays car seuls les talibans locaux ont ordonné la décapitation des mannequins de vitrine. Ils ont une marge d'autonomie par rapport au pouvoir central. Cette interdiction déplaît d'ailleurs à certains talibans de Kaboul. Non pas qu'ils ne soient pas d'accord. Ils pensent juste qu'il ne faut pas heurter la communauté internationale avec ce genre de symboles. Ils sont toujours à la recherche d'une respectabilité. Ils ne l'obtiennent pas tant leurs décisions, au fil des mois, saisissent le monde d'effroi. En dépit de leur promesse de faire preuve de plus de souplesse, les talibans reviennent progressivement à une interprétation ultra-rigoriste de l'islam. C'est exactement ce que me dit un autre propriétaire de magasin dans le même centre commercial. Il a refusé de décapiter ses mannequins. Les talibans passent devant ses vitrines mais ne disent rien. Pour l'instant, ajoute-t-il. Car il se dit convaincu qu'ils iront plus loin. « Demain, vous verrez, ils interdiront encore plus de choses aux femmes, ils feront exactement ce qu'ils ont fait il y a vingt ans quand ils étaient déjà au pouvoir. » Il me demande si je peux l'aider à quitter le pays. Des dizaines de personnes croisées nous posent cette question.

Aujourd'hui, en Afghanistan, deux décennies de liberté conquises par les femmes ont été balayées. Ce règne d'un apartheid envers la moitié de la population est unique au monde. Les femmes et les filles sont littéralement évacuées de l'espace social et public. Les lycées, collèges et universités leur sont interdits. Il ne leur est plus possible d'entrer dans les parcs, les jardins, les salles de sport, les bains publics. Leurs déplacements sont limités, elles doivent voyager avec un *mahram*, un membre masculin de la famille proche. Leurs possibilités de travailler sont de plus en plus restreintes. L'Afghanistan a toujours été un pays profondément complexe, conservateur et patriarcal. Mais l'installation d'un islam intégriste des plus abscons fait de ce pays l'un des cauchemars de notre monde contemporain.

Chapitre 14

Le retour du dossier israélo-palestinien depuis le 7 octobre 2023

Dans nos rédactions, nous avions relégué le dossier israélo-palestinien au rang de « dossier », justement. Un conflit sans fin prenant la poussière dans nos tiroirs, nos cerveaux, nos ordinateurs. Nous n'avons rien vu venir : les attaques terroristes du 7 octobre 2023 perpétrées par le Hamas en Israël ont saisi d'effroi les aveugles que nous étions devenus. Elles ont aussi totalement surpris les autorités de l'État hébreu. Des militaires israéliens, des femmes, ont bien tenté de prévenir leurs autorités militaires. Elles voyaient, de leur position sur la frontière avec Gaza, que quelque chose se préparait. Elles n'ont pas été écoutées. Ces soldates ont essayé d'alerter, en vain. Les hauts gradés n'ont pas transmis les informations données par ces unités « guetteuses » qui sont tout en bas de la hiérarchie militaire. Ce qu'elles disaient n'était pas conforme avec les analyses du Shin Bet, le renseignement intérieur de l'État hébreu. On ne leur a donc accordé aucun crédit.

Le 7 octobre 2023, l'assaut mené par le mouvement islamiste extrémiste sunnite est coordonné. Le Hamas, considéré comme une organisation terroriste par les États-Unis et l'Union européenne, mène une opération sanglante et inédite. Plus de deux mille hommes pénètrent en territoire israélien en forçant la barrière entourant la bande de Gaza. Ces dizaines de brèches dans un mur censément infranchissable laissent entrer les membres du Hamas mais aussi ceux du Djihad islamique. Des drones sont utilisés, des bateaux, des parapentes à moteur, des milliers de roquettes sont lancées vers l'État hébreu. Une attaque minutieusement préparée par les airs, la mer et la terre. Onze cent quatre-vingt-neuf personnes sont assassinées, essentiellement des civils, et deux cent cinquante-deux autres sont enlevées. C'est la journée la plus meurtrière de l'histoire d'Israël, la plus sanglante depuis la création de cet État en 1948. Pendant les heures qui suivent l'assaut, des images d'une sauvagerie inouïe envahissent les réseaux sociaux, souvent publiées par le Hamas. Je les visionne pendant deux jours pour réaliser les premiers sujets pour nos journaux. Comme toujours, nous floutons les scènes les plus violentes et les visages. Nous ne diffusons pas telles quelles ces images insoutenables qui servent la propagande du Hamas.

Je ne m'habituerai jamais à ce déchaînement de haine sur mon téléphone. Couvrir les conflits en Ukraine ou en Israël suppose de s'abonner à des centaines de comptes sur les réseaux sociaux. Je suis des médias étrangers, des particuliers israéliens et palestiniens, des blogueurs, des soldats sur les fronts, des groupes d'influence, des journalistes étrangers, des photographes, des membres d'ONG. Je me réveille le matin avec ces nouvelles images que je suis, souvent, obligée de visionner. Elles racontent la réalité de la violence. Elles ne sont souvent pas diffusables sur nos antennes. Mais elles occupent désormais une place très importante dans nos métiers.

Sont-elles vraies ou fausses ? C'est, bien sûr, la première question que l'on se pose. Nous avons à France Télévisions une cellule dont le travail consiste à vérifier l'authenticité de ces images. Leur mission est désormais très précieuse et indispensable. Nous avons aussi un service chargé de visionner les milliers d'images et de vidéos envoyées par des agences professionnelles comme l'AFP, l'Agence France-presse, ou encore AP, Associated Press, ou CNN, la BBC, la télévision iranienne, chinoise, russe, etc. Nous avons ainsi accès chaque jour à des centaines de sources d'images venant de médias et d'agences du monde entier. Nous échangeons ces images entre télévisions et nous payons des abonnements. C'est un fil ininterrompu d'images. Des journalistes de France Télévisions spécialisés dans ce service d'échanges nous signalent quotidiennement les images qui méritent notre attention.

Nous préférons bien sûr aller faire nous-mêmes les reportages, c'est l'essence du métier. Mais ces sources extérieures sont riches et disponibles sur-le-champ. Elles permettent de couvrir l'actualité en attendant d'avoir une équipe sur place. Ces vidéos sont renseignées : le lieu, les circonstances du tournage sont expliquées, le nom et la fonction des personnes interrogées sont mentionnés. Cela permet de réaliser ce que nous appelons dans notre jargon une « cabine ». J'écris un commentaire sur des images que nous n'avons pas nous-mêmes tournées. Mais quel que soit le sujet traité, notre but est d'essayer le plus possible d'aller nous-mêmes sur les lieux. Ce n'est pas toujours le bon choix, car une actualité chasse l'autre. Lorsque vous arrivez, le monde est parfois déjà passé à autre chose. Vous avez alors dépensé beaucoup d'argent et d'énergie pour rien.

Ce n'est pas le cas des attaques du 7 octobre, loin de là. Je prends donc un vol pour Tel-Aviv le 10 octobre, trois jours après l'attaque. Nous disposons d'un bureau permanent à Jérusalem, mais plusieurs équipes partent progressivement de Paris en renfort. Nous imaginons déjà l'étendue de la réplique d'Israël. Dans l'avion, une image me hante particulièrement : une jeune Israélienne, mains liées dans le dos, pantalon de jogging semblant taché de sang, est sortie du coffre d'une voiture par des hommes. La scène est filmée à Gaza City, la capitale de l'enclave palestinienne. Elle est conduite vers l'une des portes du véhicule et doit s'y engouffrer. Elle a de longs cheveux bruns et le visage d'une jeune fille qui découvre l'enfer. Puis la scène est coupée. Où a-t-elle été conduite ? Que lui est-il arrivé ?

Tel-Aviv, habituellement si festive, est une ville morte quand nous arrivons. Les rues sont désertes, les bars, les restaurants, les magasins sont fermés. Le pays enterre les victimes des attaques. Enfin, celles qui ont pu être formellement identifiées. Ce processus va prendre beaucoup de temps car de nombreux corps sont abîmés, calcinés, mutilés. Les seuls endroits où les foules se pressent sont donc les cimetières. Nous suivons le cortège qui porte en terre une jeune femme de trente ans. Elle était de nationalité franco-israélienne. Sigal, c'est son prénom, participait à la rave où trois cent soixante-quatre personnes ont été assassinées. L'attaque a commencé très tôt le matin au festival de musique Nova, près du kibboutz Reïm, dans le sud d'Israël. Des combattants du Hamas arrivent en véhicule, mais aussi en parapente. Ils prennent d'assaut ce coin de désert situé tout près de Gaza. Ils sont armés de fusils AK-47 et de lance-grenades. Ils ouvrent le feu sur les jeunes festivaliers, pourchassent ceux qui tentent de fuir, prennent des otages.

Les portraits de Sigal, cheveux mi-longs, bouclés, grand sourire, semblent voler au-dessus des allées du cimetière, portés par des centaines de personnes. Des adultes, de jeunes hommes, des femmes sont en pleurs. Je ne vois que cette mère qui n'a plus de larmes. Nous devons réaliser un reportage sur ces funérailles. Il me faut aller voir cette femme qui vient de perdre sa fille, lui demander si elle accepte de témoigner. Je dois la déranger dans les allées de cet endroit sacré. Comme toujours, je tergiverse, je me sens minable. Au nom de quelle mission suis-je autorisée à m'adresser à cette mère qui enterre son enfant?

Je vais d'abord parler, avec les membres de mon équipe, aux jeunes en tête de cortège. Ils nous racontent que Sigal était assistante sociale. Elle était à la rave pour aider et non pas pour s'amuser. Porter secours, épauler les autres était l'histoire de sa vie. «Elle avait un cœur énorme, elle était toujours là pour donner à tout le monde», me dit l'une de ses proches amies. Comme toujours, je finis par oser me diriger vers la maman de Sigal. Elle nous propose de venir, après les obsèques, dans le jardin de sa résidence où famille et amis vont se retrouver. «Je vous parlerai de ma fille», me dit-elle. Nous nous y rendons.

Tous les jardins sont déserts sauf un. Les proches, les camarades filles et garçons sont assis en cercle sur des chaises en plastique. Ces moments après les funérailles sont toujours saisissants de sourires et même de rires, où que ce soit dans le monde, quelle que soit la personne décédée. La scène n'échappe pas à la règle: parler de l'absente avec le sourire, boire du vin et manger quelques gâteaux. Je m'assois près de la mère. Le père est absent ou mort, je ne sais pas. La mère de Sigal raconte la terrible angoisse des trois derniers jours, quand elle ne savait pas si sa fille était morte ou vivante. «J'en étais arrivée à espérer qu'elle soit otage, car, au moins dans ce cas, elle serait vivante. C'est horrible de penser ça pour des parents, mais finalement elle a été tuée dès le début de l'assaut.» J'écoute cette femme courageuse, faisant face, seule, à la perte de l'être le plus cher au monde à ses yeux. J'imagine cette dame aujourd'hui âgée d'une cinquantaine d'années, quand elle était enceinte il y a trente ans, la naissance de l'enfant, le premier jour de maternelle, le lycée, l'université, la présentation de l'amoureux, le champ de tous les possibles. Et un jour la tragédie qui fait disparaître à jamais l'être le plus cher. Je mesure ma chance de n'avoir pas connu ce drame absolu. Je pense à deux de mes amies qui ont dû affronter ce gouffre. Comment survivre ? Ou vivre avec, enfin vivre sans. Sigal venait de se fiancer, son mariage devait être célébré en janvier 2024.

Nous recueillons le témoignage d'un jeune Franco-Israélien de vingt-trois ans. Il était lui aussi au festival de musique attaqué par le Hamas. Il a survécu mais les images et les sons de ce jour maudit le poursuivent jour et nuit. Il raconte d'abord la pluie de roquettes puis l'arrivée des assaillants. Il ne voulait pas témoigner mais finalement il se décide. Je ne pose quasiment aucune question. Il parle, il parle et parle encore dans le salon de l'appartement de ses parents à Tel-Aviv, son père assis juste à côté de lui. Il fait de grands gestes pour montrer les balles qui fusent au-dessus de sa tête. Il se recroqueville pour signifier qu'il s'est caché dans un fossé. Il mime une escalade pour expliquer qu'il a grimpé dans un arbre. Nous assistons médusés au flot de gestes et de paroles. Le jeune homme raconte sans jamais reprendre son souffle, comme si sa vie était encore en jeu. « J'ai couru pendant quarante minutes dans les champs pour leur échapper, mais en face de moi, alors que je croyais les avoir semés, j'ai vu cinq hommes du Hamas. Et là, je vois d'autres jeunes qui courent dans l'autre sens, ils vont dans la direction que j'ai fuie. Je leur dis de ne pas y aller parce que, là-bas, il y a le Hamas. Mais ils me disent : mais non le Hamas est là face à toi. Et là on comprend qu'ils sont partout. »

Il dit tout cela très vite, il a le débit d'une mitraillette : « On s'est cachés dans les trous, dans les fossés. Puis on repartait, on courait et, toutes les vingt minutes, je voyais des jeunes, juste à côté de moi. Ils tombaient sous les balles. Certains ont essayé de s'échapper en prenant des voitures mais je voyais les terroristes qui visaient les pare-brise. » Puis il détaille ce moment suffocant où il comprend que les policiers israéliens ne peuvent pas les aider, car ils sont morts. Il voit leurs corps au sol. Et face à lui dans une voiture de police justement des membres du Hamas. Par la suite, quand il aperçoit un véhicule des forces de l'ordre israéliennes, il fuit. Son calvaire commence à 6 h 30 du matin et s'achève à 18 heures quand il réussit enfin à monter dans un bus pour quitter la zone. Il s'arrête quelques secondes et conclut : « Maintenant je ne me sens pas bien, j'ai trop de haine et de colère parce que j'ai tout vu avec mes yeux, et puis il y a toutes les histoires que j'ai entendues après. Je ne comprends pas comment des hommes font tout ça. »

Nous partons pour Sderot, ville israélienne située à 840 mètres de la barrière de Gaza. Quasiment tous les habitants ont fui. Une vieille dame a choisi de ne pas partir. Elle nous explique tout en se pressant vers sa maison que le danger vient du ciel. Et en effet, quelques minutes plus tard, des tirs de mortiers en provenance de l'enclave palestinienne déchirent l'espace. Nous avons à peine le temps de courir vers un abri. Dans les rues de Sderot, les abris en béton ont été construits sur les trottoirs. Les habitants vivent depuis toujours avec cette menace venue de Gaza. Mais, cette fois, l'attaque perpétrée trois jours auparavant dépasse ce qu'ils avaient pu imaginer. Nous suivons un groupe de volontaires. Ils évacuent les derniers civils. Ceux qui ne voulaient pas partir et qui doivent s'y résoudre.

Une femme titube de peur, d'angoisse. Elle est soutenue par un bénévole. Il tente de la rassurer, lui dit qu'il l'emmène loin d'ici, que tout va bien aller. Une autre attaque de mortier précipite bénévoles et journalistes sous un escalier pour chercher un peu de protection. Je me dis que j'ai déjà vécu cette scène. Exactement la même chose, mais dans un autre pays. Un mois auparavant, j'étais en Ukraine et les protagonistes de notre reportage étaient semblables : des bénévoles risquant leurs vies pour sauver des personnes âgées. Des vieillards, des femmes penchées par le poids des années qu'il faut convaincre de quitter leur maison. C'est le même arrachement, le même exil intérieur, la même tristesse infinie. L'Ukraine, Israël, et bientôt Gaza sous le feu permanent de Tsahal, l'armée israélienne. Des hommes, des femmes, des milliers d'enfants sont au milieu du carnage, et nous sommes submergés par notre impuissance. Celle des journalistes filmant à l'infini les mêmes calamités, celle aussi de la communauté internationale, de l'ONU, incapables d'empêcher les massacres de civils. Mais à aucun moment je ne me dis que je ne devrais pas être là. Il faut rendre compte de cette histoire qui se répète.

Nous sommes terriblement frustrés, fâchés, désespérés de ne pouvoir quasiment pas mettre les pieds à Gaza quand l'offensive terrestre israélienne est lancée, deux semaines plus tard, dans la nuit du 27 au 28 octobre 2023. C'est, je crois, l'une des réalités les plus préoccupantes du moment : notre incapacité à couvrir nous-mêmes ce qui se passe à Gaza. Les rares incursions possibles sont très courtes et strictement contrôlées par l'armée israélienne. Ce déni d'accès est toujours de rigueur aujourd'hui.

Notre correspondante permanente est pourtant la première journaliste française à entrer dans Gaza avec l'armée israélienne. Ce n'est pas rien, son reportage permet d'avoir un regard distancié et professionnel. Mais il n'y aura pas vraiment d'autres occasions intéressantes. Nous avons, bien sûr, des relais sur place, des journalistes palestiniens, des caméramans. Des contacts précieux entretenus de longue date par notre bureau permanent et de nombreux journalistes de la rédaction. Ces personnes de confiance nous font parvenir leurs images, nous racontent. Leurs récits nous permettent de mettre à l'antenne des sujets sur la situation sécuritaire et humanitaire à Gaza. Ce n'est pas idéal, car ces Palestiniens ne peuvent pas être neutres. Ils vivent les bombardements quotidiens, les opérations de Tsahal dans leurs quartiers, dans les hôpitaux, ils fuient avec les civils, sont poussés vers le sud de l'enclave au gré de l'avancée des troupes de l'État hébreu, ils perdent des proches, ils voient leurs enfants terrorisés. Ils ne peuvent pas dire librement tout ce qu'ils pensent puisqu'ils vivent sous le règne du Hamas. La branche politique comme la branche militaire du mouvement islamiste sunnite ne permettent pas une parole libre.

Ces contacts dans l'enclave sont pourtant nos yeux et nos oreilles à Gaza puisque aucun journaliste occidental ne peut entrer dans l'enclave sauf autorisation rare et encadrée de Tsahal. La liste de ces endroits où nous mettons de plus en plus difficilement les pieds s'allonge dangereusement. L'Iran, l'Afghanistan, le Yémen, le Soudan : autant de pays qui délivrent désormais les visas de presse au compte-gouttes. Je suis terrifiée de constater que les drames que vivent ces États se font sans témoins extérieurs, ou presque.

La haine s'installe donc encore plus profondément entre les Palestiniens de confession musulmane et les Israéliens de confession juive, qu'ils soient pratiquants ou non. Puisqu'il n'est quasiment pas possible d'aller à Gaza, nous partons en tournage chez les Palestiniens de Cisjordanie. Ce territoire est occupé par l'État hébreu depuis 1967. Nous y allons deux semaines après ce que l'on nomme désormais « le 11 Septembre israélien ». La guerre entre Israël et le Hamas a ravivé les tensions sur cette terre morcelée par les colonies juives : ces implantations où vivent des citoyens israéliens en plein territoire palestinien. Ces colonies de peuplement sont jugées illégales par la majorité de la communauté internationale au nom du droit international humanitaire. L'État hébreu conteste cette interprétation de la quatrième convention de Genève. Le gouvernement de Benyamin Netanyahou et ses alliés d'extrême droite soutiennent d'ailleurs ces colonisations. Ce sont des villes, des villages, des avant-postes parfois fortifiés et protégés par l'armée israélienne.

Depuis les attaques du 7 octobre 2023 jusqu'en juin 2024, près de six cents personnes ont été tuées par des tirs israéliens et des attaques de colons. Les colons profitent du désordre actuel pour accentuer leur implantation en Cisjordanie. Ils s'en prennent plus particulièrement aux Bédouins palestiniens. Notre fixeur israélien ne peut pas nous aider pour ce tournage, il n'a pas de contacts dans cette communauté bédouine, même s'il connaît des Palestiniens. Dans ce contexte tendu, il est préférable de travailler avec un fixeur palestinien, habitué aux routes de Cisjordanie.

Nous arrivons dans la ville chrétienne de Taybeh. Des Bédouins palestiniens chassés quinze jours auparavant de leurs maisons par des colons y ont trouvé refuge. Les chrétiens palestiniens sont minoritaires en Cisjordanie, ils ne sont plus que trente-sept mille mais ils se sentent souvent solidaires des Palestiniens musulmans. Les deux communautés subissent les passages quotidiens aux checkpoints israéliens et les longues heures perdues dans les files d'attente. Ces points de contrôle, mis en place par les Israéliens, sont des passages obligés pour circuler entre la Cisjordanie et les territoires israéliens, les colonies ou encore Jérusalem-Est. Ces difficultés les rapprochent.

Les Bédouins sont des nomades sédentarisés. Le groupe que nous filmons vient de s'installer dans la poussière d'un bout de terre, entre deux immeubles, dans cette ville chrétienne de Taybeh. La municipalité les accepte par solidarité. Ils ont fui avec leurs enfants et leur bétail. Ils sont une cinquantaine sous des tentes bédouines installées en plein soleil. Les colons sont arrivés, m'explique un berger, ils ont tiré en l'air, ils ont dit : si vous ne partez pas, on va vous abattre. Ils ont donc dû quitter immédiatement la colline rocailleuse où ils s'étaient sédentarisés depuis des années. Un Bédouin me montre une image filmée lors de l'opération d'expulsion. Un soldat israélien en uniforme est visible. Il semble être là pour aider et protéger les colons ultra-orthodoxes qui mènent l'opération d'expulsion. Il y avait plusieurs militaires en armes, disent les bergers. « Les soldats israéliens ne nous ont pas aidés, au contraire, ils étaient avec les colons et nous ont menacés eux aussi. »

Nous reprenons la route. Notre fixeur nous signale qu'une autre communauté de Bédouins, installée dans une vallée aride, plus loin, est justement en ce moment harcelée par des colons. Dès notre arrivée les hommes nous montrent les citernes d'eau désespérément vides. Les colons ont fermé les points d'eau où ces Bédouins se ravitaillent. Sans eau, ils ne peuvent pas survivre sur ces pâturages desséchés. Ces persécutions quotidiennes alimentent leur haine envers les colons juifs. Nous voyons d'ailleurs ces colons au loin. Ils circulent en voiture et semblent surveiller notre tournage.

Je me dirige vers eux, je tente un dialogue. Ils sont très jeunes. Ils fuient dès que je suis près de leur voiture. Mais ils ne partent pas. Ils restent présents au loin pendant toute notre présence sur les lieux. Ils passent et repassent en voiture devant nous. Mais ils n'acceptent jamais de répondre à mes questions. Plus loin, nous voyons des maisons de Bédouins récemment incendiées par des colons. Les Palestiniens ont dû partir. Une nouvelle route vient d'ailleurs d'être construite : les gravillons blancs qui la recouvrent n'ont pas eu le temps d'être salis. Et au bout de la route : l'avant-poste d'une future colonie juive. Dans deux pauvres baraquements, quelques jeunes ultra-orthodoxes. Ils refusent eux aussi de me parler. Ce sont les zélotes du « grand Israël » : Leur but est l'annexion de la Cisjordanie par le fait accompli. Dans le chaos de la guerre entre Israël et le Hamas, ces déplacements forcés de populations bédouines palestiniennes passent presque inaperçus. Le monde entier a les yeux rivés sur Gaza et, pendant ce temps, la colonisation s'accentue en Cisjordanie. Elle était déjà très importante avant les massacres du 7 octobre puisque, selon un rapport des Nations unies datant de septembre 2023, 12 % de la population totale des bergers de Cisjordanie ont dû abandonner leurs maisons au cours de l'année écoulée, soit plus de onze cents Bédouins. Cette réalité s'est accentuée depuis le 7 octobre.

Je rentre à Paris fin octobre après trois semaines de tournage en Israël et en Cisjordanie. Je suis de retour fin décembre 2023 à Jérusalem pour une dizaine de jours : il s'agit de remplacer notre correspondante permanente qui prend quelques vacances plus que méritées. Je reviens pour la même raison dans l'État hébreu le 7 avril 2024, exactement six mois après les attentats. Gaza est sous un déluge de feu et l'enclave est toujours quasiment interdite à la presse occidentale. Pendant ce temps, des otages israéliens enlevés le 7 octobre sont encore aux mains du Hamas : six mois d'enfermement et de terreur vraisemblablement dans les tunnels creusés par l'organisation islamiste. C'est un labyrinthe de galeries construit en zigzag, parfois à 60 mètres sous terre. Ces tunnels mesureraient jusqu'à 500 kilomètres. Ils servent de caches pour les hommes du Hamas, de dépôt d'armes, de centre de commandes, de centre logistique. Ils permettent aussi de détenir des otages.

Vous avez donc, d'un côté, les victimes d'Israël et le traumatisme des attaques terroristes subies, et de l'autre côté, les Palestiniens sous des bombardements massifs qui détruisent l'enclave et tuent des milliers de civils. La situation au Moyen-Orient hystérise les débats dans le monde politique, dans nos universités, dans nos conversations avec nos amis, nos proches, nos enfants. Je refuse d'être dans un camp, de choisir un camp qui serait «plus victime» que l'autre. Je m'insurge contre l'augmentation spectaculaire des actes antisémites en France. Je réalise des reportages sur cette réalité terrifiante. Je suis aussi révoltée par la mort de milliers de femmes, d'hommes et d'enfants innocents à Gaza.

Six mois exactement après les attaques, je me trouve donc à Jérusalem. En ce triste anniversaire, je réalise avec notre bureau permanent deux sujets pour notre journal de 20 heures du 7 avril. Le premier reportage concerne les otages et le rejet par une majorité de citoyens israéliens du Premier ministre Benyamin Netanyahou. Le deuxième raconte les conditions de survie des civils de Gaza. Nous tournons nous-mêmes le premier sujet. Nous faisons appel à nos contacts dans l'enclave palestinienne pour réaliser les images dans Gaza. Les deux angles sont diffusés l'un après l'autre. Ils permettent, nous l'espérons, à nos téléspectateurs de se faire leur propre idée. C'est le but: rester au plus près des faits et laisser les Français juger par eux-mêmes.

En ce 7 avril 2024, Benyamin Netanyahou est conspué par des milliers de manifestants réunis à

Tel-Aviv. Le Premier ministre est accusé, entre autres, de ne pas donner la priorité à la libération des cent vingt-neuf otages toujours retenus à Gaza par le Hamas. Attendre et espérer : c'est que fait Batsheva. Elle est franco-israélienne. Nous la rencontrons dans une maison qu'elle a louée en plein centre de l'État hébreu, loin de la frontière avec Gaza. Son mari a été enlevé il y a six mois jour pour jour quand nous réalisons cette interview. « Il y a des jours où je me dis que c'est un homme fort et qu'il va être OK, m'explique-t-elle. Il reviendra, il survivra, et puis il y a ces jours où je me dis qu'il n'est peut-être même pas vivant. » Cette femme menue, mais solide et digne, me montre des photos de leur maison partiellement détruite après l'attaque de leur kibboutz nommé Nir Oz, proche de Gaza. Elle raconte comment elle s'est réfugiée avec ses trois enfants dans le *mamad*, la chambre sécurisée avec murs en béton armé et porte blindée. Dans la plupart des habitations en Israël, une pièce renforcée permet de se mettre à l'abri en cas d'alerte aérienne.

Mais, en ce terrible matin, la porte ne ferme pas correctement : son mari tente donc d'en protéger l'entrée, une arme de poing à la main. Les assaillants tirent, il s'écroule, blessé à la jambe. Batsheva et ses trois enfants sont enlevés. En quittant de force la maison, elle voit son mari blessé gisant sur le sol. Il a le courage de lui dire de faire ce que les terroristes demandent. Cette maman se retrouve sur un cyclomoteur avec l'un des terroristes. Elle tient serrées contre elle deux de ses enfants, ses deux filles âgées de dix ans et de deux ans et demi. Son fils aîné de douze ans est emmené sur un autre deux-roues. Mais les mobylettes se séparent et prennent deux chemins différents quand elles croisent deux chars de l'armée israélienne. Le terroriste qui conduit le deux-roues sur lequel sont Batsheva et ses enfants pose pied à terre et lâche sa motocyclette. Elle profite de la confusion pour se cacher et s'enfuir avec ses deux enfants. C'est à ce moment précis qu'elle perd la trace de son fils aîné. Elle réussit à rentrer au kibboutz. Son mari blessé n'y est plus. Elle perd donc aussi la trace de son époux. Elle est évacuée de la zone et va ensuite attendre et attendre encore pendant de longues semaines. Il lui faut tenir le choc pour les deux enfants qu'elle a avec elle, mais aussi pour son mari et son fils aîné otage quelque part à Gaza. Ne pas perdre pied, ne pas désespérer, envisager leur retour sains et saufs : c'est son combat quotidien.

Elle a raison d'y croire puisque après cinquante et un jours de détention son fils est libéré dans le cadre d'une trêve négociée entre le Hamas et Israël. Il a douze ans et vient donc de passer cinquante et un jours dans la terreur. Les images des retrouvailles émouvantes mais presque paisibles de cette maman et de son fils ont fait le tour du monde. Je me dis qu'elle a voulu être la plus calme possible, la plus douce possible à ce moment précis : essayer de dégager un peu de sérénité pour aider son fils à supporter la tension extrême de cette libération. Nous ne voyons pas cet enfant désormais libre qu'elle entend protéger des médias. Elle me dit être choquée par la violence physique et psychologique infligée à son fils par ses geôliers. Il a longtemps été seul en détention. « Ses ravisseurs lui pointaient une arme sur la tête quand il pleurait. Il était frappé. Ils lui racontaient des mensonges, lui disaient qu'Israël n'existait plus. Mon fils le croyait, bien sûr, il était convaincu que nous étions nous-même otages aussi. Quand on lui a dit qu'il allait être libéré, il s'est demandé qui pouvait bien venir le chercher. L'enfant a ensuite été regroupé avec d'autres otages. Ces captifs adultes étaient installés sur des chaises en plastique dans une pièce sombre sans fenêtres. Il n'y avait pas de matelas, les adultes sommeillaient assis. L'enfant a raconté à sa mère qu'il dormait sous les chaises alignées, sous les jambes des autres otages. Il se sentait mieux protégé s'il arrivait quelque chose. Il était terrorisé à l'idée d'être trop visible. Il se disait en permanence que les terroristes allaient rentrer et s'attaquer à l'otage le plus exposé. Douze ans, cinquante et un jours de terreur nuit et jour, et cet élan de survie en essayant de devenir transparent, invisible.

Cet enfant va aujourd'hui à l'école malgré ses traumatismes. Et comme ses frères et sœurs, il demande chaque jour à sa mère si son père reviendra bientôt. Elle ne ment pas, dit qu'elle ne sait pas. À la fin de cette interview, malgré son immense désarroi, elle délivre un message de paix. « Nous comprenons que les Palestiniens sont là, et qu'ils vont rester. Mais ils doivent aussi comprendre que nous aussi, nous sommes là. Nous devons trouver une solution pour vivre les uns à côté des autres.»

Pendant ce temps, dans un hôpital de Gaza, une autre mère ne sait plus à quel saint se vouer pour soulager son fils grièvement blessé lors d'un bombardement. Ses jambes sont paralysées, il a douze ans, lui aussi, il ne marchera plus jamais. Il est allongé sur un lit. Elle est désespérée. Je ne rencontre pas moi-même cette femme puisque je ne peux pas aller à Gaza. L'un de nos précieux contacts dans l'enclave nous fait parvenir ce témoignage que nous diffusons juste après celui de Batsheva. Il ne s'agit pas, pour nous, de renvoyer dos à dos les uns et les autres. Nous constatons simplement la détresse de deux femmes brisées par la guerre, l'une est palestinienne, l'autre est israélienne. «Il n'y a plus de médicaments dans cet hôpital, il n'y a plus aucune poche urinaire dont mon fils a besoin. Même pas un pauvre antidouleur. Plus aucune couche, mon fils porte la même depuis deux jours.» La maman se penche sur son enfant et tente de comprendre ce qu'il lui murmure. Il pleure: nous ne savons pas si c'est parce qu'il souffre physiquement, ou s'il sanglote à propos de son état. A-t-il compris du haut de ses douze ans qu'il est paralysé à jamais? A-t-il entendu le diagnostic sans appel des rares médecins disponibles? Dans le chaos de la guerre et des centaines de blessés, a-t-on pris soin de le lui annoncer avec des mots choisis?

Nous visionnons ce récit dans le confort du bureau permanent de France Télévisions à Jérusalem, à cent kilomètres de Gaza. Nous sommes en sécurité : le dôme de fer veille. Le système antiaérien arrête les roquettes, les obus, les missiles ou les drones guidés lancés de la bande de Gaza par le Hamas. Il est redoutablement efficace, sauf s'il est saturé par des attaques très denses, comme ce fut le cas le 7 octobre. Ces batteries très coûteuses sont réparties dans tout le pays. Chaque intercepteur a une valeur de plus de 40 000 euros. Le système permet d'identifier la munition tirée par l'ennemi, de calculer sa vitesse et sa trajectoire, et de l'éliminer si elle menace une zone habitée. Ce dôme de fer a aussi une version navale, avec un système d'interception embarqué en mer. L'enclave palestinienne, en revanche, est à l'agonie, sous un tapis de bombes : pas de système antiaérien efficace. Le jeune garçon palestinien blessé était au mauvais endroit au mauvais moment. L'hôpital Kamal Adwan est saturé de patients malades, de grands brûlés, de personnes amputées, de blessés très graves. C'est le seul établissement fonctionnant encore dans le nord de l'enclave. Tous les autres ont été détruits par les troupes israéliennes : leur but est de rendre inopérants les tunnels creusés par le Hamas sous ces établissements. D'où cette faillite dramatique du système de santé. La caméra s'attarde sur les corps allongés sur le sol, faute de lits disponibles.

Un médecin témoigne. Selon lui, quinze enfants auraient été admis ces derniers jours pour des problèmes de malnutrition. L'enclave vit un strict blocus imposé par Israël. Les camions de vivres finissent par arriver, mais au prix de négociations sans fin. Notre contact filme ensuite un autre hôpital : celui d'al-Shifa. C'était le plus grand établissement de santé du nord du territoire. Ce n'est plus qu'un champ de ruines. Un homme d'une cinquantaine d'années est en larmes devant une charrette en bois. Le corps de sa mère décédée est là sous une couverture. Il est allé lui-même récupérer la dépouille dans les décombres. Il l'avait eue au téléphone quelques jours auparavant. Elle y était hospitalisée pour un problème de diabète chronique. Elle m'a dit : « Personne ne me soigne, je n'ai pas d'eau, je dors par terre, où es-tu, mon fils ? » Ce sont les derniers mots qu'ils ont échangés. Elle est morte lors de l'un des assauts de Tsahal.

Épilogue

En juin 2024, je reviens des cérémonies commémorant le 80e anniversaire du débarquement de Normandie. Étourdie d'émotion d'avoir pu parler aux vétérans, pour la plupart centenaires, de ce D-Day qui changea le cours de la Seconde Guerre mondiale. Ils ont vingt ans, ce 6 juin 1944, quand ils débarquent sur nos plages pour sauver la France et l'Europe de l'occupation nazie. Sur Utah Beach, je réalise une interview avec Warren Goss, citoyen américain âgé de quatre-vingt-dix-neuf ans. Il se tient debout, très droit, sa canne semble un accessoire inutile. Je prends conscience qu'il fait frais sur cette plage magnifique. Je m'inquiète pour lui, mais il me dit qu'il est très bien, qu'il n'a jamais froid ! Nous écoutons son récit limpide, ses souvenirs, datant de quatre-vingts ans, racontés sans l'ombre d'une hésitation.

À dix-neuf ans, Warren Goss, membre de la 531e brigade spéciale, fait partie de la première vague d'assaut de soldats alliés posant le pied sur Utah Beach à 6 h 30 du matin. Il raconte l'ouverture de la barge de transport sur la mer et les deux camarades sortant juste devant lui fauchés dès les premières secondes par les tirs ennemis. Il détaille les longues minutes pour réussir à sortir de l'eau et la course d'effroi vers la plage, sous l'artillerie allemande. Il n'a pas oublié le « gars » sur le sable avec la jambe en lambeaux, touché par un éclat d'obus. Ce « gars » qui tente de se relever, mais n'y parvient pas. Warren raconte son impuissance et l'ordre donné lors des entraînements d'enjamber les blessés et d'avancer coûte que coûte. Warren a suivi les consignes et est sorti vivant de cet enfer.

À la fin de l'interview, il reste encore un long moment sur la plage. Il regarde vers le large. Personne n'ose le déranger. Sa fille l'accompagne, elle reste en retrait et laisse son père à ses pensées. J'observe le vétéran de loin. Je n'ai aucune envie de partir. Je sais combien c'est un privilège de voir les derniers témoins vivants de cette bataille de Normandie. Bientôt, ils seront tous morts. Comment ferons-nous pour honorer leur mémoire ? Que se passe-t-il à ce moment précis, dans la tête du vieil homme qui affirme ne pas être un héros ?

La silhouette avec la canne, tournée vers la mer, attire l'attention des quelques personnes présentes sur ce lieu en ce jour anniversaire. Elles comprennent que c'est un vétéran du débarquement. Elles prennent conscience qu'à dix-neuf ans il courait sur cette plage, la peur au ventre. Les hommes, les femmes, les enfants s'approchent timidement de Warren. Il se retourne et est surpris par les applaudissements. Son sourire est large et conquérant. Il a quatre-vingt-dix-neuf ans et n'a rien perdu de sa superbe. La lumière sur la plage est extraordinaire. Comme si la nature se mettait au garde-à-vous devant le vétéran.

Je sors de cette interview boostée pour des années et confiante en l'avenir. Des leaders politiques, des soldats héroïques ont su s'unir pour chasser le nazisme il y a quatre-vingts ans. Ce débarquement n'était pas gagné d'avance. Ce fut un succès malgré le coût humain : les pertes avoisinent les dix mille hommes, morts, blessés ou disparus. Mais les Alliés ont réussi.

Je me dis que d'autres hommes trouveront, eux aussi, le chemin vers la paix au Proche-Orient, en Ukraine et ailleurs. Y a-t-il d'autre choix que d'y croire ? Un devoir d'optimisme au nom des enfants des autres et des miens.

REMERCIEMENTS

Je remercie les nombreuses personnes avec qui j'ai partagé mes doutes. Il faut un brin de philosophie pour écouter et rassurer les « incertaines » dont je fais partie.

Merci, Annie, ma sœur solaire, qui m'a si tendrement accompagnée et relue. Merci, mes deux chers enfants, pour les encouragements invariablement pleins de confiance. Merci, Jérôme, pour les longues conversations si précieuses. Merci, Isabelle, pour l'écoute sensible. Merci, Étienne et Éric, d'avoir pris le temps. Merci, Damien, mon cher éditeur, d'être venu vers moi pour me proposer ce projet. Tes conseils, ta constance, ton optimisme sont ma chance. Merci, France Télévisions, pour la confiance. Merci du fond du cœur à vous qui travaillez avec moi sur les chemins du monde : Stéphane et Yan pour les nuits initiatiques partagées dans un parking en Ukraine. Merci, Dima, Ludo, Patrick, Olivier, Bruno, Élodie, Soufiane, Maël, Arielle, Samah et les nombreux autres. Sans vous je ne suis rien. Merci à celles et à ceux à qui j'ai raconté par bribes : Chloé dans un Transall de l'armée française, mes parents devant la table de la cuisine, mes deux autres précieuses sœurs, Nadine et Joëlle, sur un chemin de randonnée, Axel entre deux tournages, Karina sur le sofa bleu, Elsa et Anne à la table d'un bistrot, Soraya qui déteste s'asseoir et tape la discute debout, Catherine dans la maison chaleureuse de Sèvres, Nathalie devant quelques huîtres, Delphine dans les vestiaires de la piscine, Nathalie et Julian sur la route entre la Normandie et Paris, Laeticia dans un train pour Orléans, Cécile au milieu des magnifiques tissus, Caroline devant ce vin dont tu as le secret, Agnès dans la vieille ville de Jérusalem, Stéphanie entre deux romans. Merci de m'avoir dit que c'était possible.

Table

Le Livre de Poche s'engage pour
l'environnement en réduisant
l'empreinte carbone de ses livres.
Celle de cet exemplaire est de :
150 g éq. CO_2
Rendez-vous sur
www.livredepoche-durable.fr

PAPIER CERTIFIÉ

Composition réalisée par Belle Page

Achevé d'imprimer en France par
CPI BRODARD & TAUPIN (72200 La Flèche)
en décembre 2025
N° d'impression : 3063292
Dépôt légal 1re publication : janvier 2026
LIBRAIRIE GÉNÉRALE FRANÇAISE
21, rue du Montparnasse – 75298 Paris Cedex 06
marketing@livredepoche.com

73/7708/6